当你
不敢拒绝时，
你在害怕什么

龙湘涛 ㊔

让拒绝有点艺术，
让善良有点锋芒！

北京理工大学出版社
BEIJING INSTITUTE OF TECHNOLOGY PRESS

图书在版编目（CIP）数据

当你不敢拒绝时，你在害怕什么 / 龙湘涛著. —北京：北京理工大学出版社, 2017.9

ISBN 978-7-5682-4303-2

Ⅰ. ①当… Ⅱ. ①龙… Ⅲ. ①人际关系学—通俗读物 Ⅳ. ①C912.1-49

中国版本图书馆CIP数据核字（2017）第162190号

出版发行 / 北京理工大学出版社有限责任公司
社　　址 / 北京市海淀区中关村南大街 5 号
邮　　编 / 100081
电　　话 / （010）68914775（总编室）
（010）82562903（教材售后服务热线）
（010）68948351（其他图书服务热线）
网　　址 / http: //www.bitpress.com.cn
经　　销 / 全国各地新华书店
印　　刷 / 三河市金元印装有限公司
开　　本 / 710 毫米 × 1000 毫米　1/16
印　　张 / 17.75
字　　数 / 220千字
版　　次 / 2017 年 9 月第 1 版　2017 年 9 月第 1 次印刷
定　　价 / 35.00元

责任编辑 / 李慧智
文案编辑 / 李慧智
责任校对 / 周瑞红
责任印制 / 边心超

图书出现印装质量问题，请拨打售后服务热线，本社负责调换

前言

你或许小心翼翼活了几十年，有些累了，却不得不继续小心翼翼活下去。

因为你是“老好人”，你不忍伤害任何人，只好让自己受委屈。

因为你是“完美主义者”，你不愿接受自己的“不好”，为了保持“完美”，你选择强装“万能”。

你不肯让他人失望，只能让自己失望。

你不愿辜负全天下，唯有辜负自己。

可是，我想告诉你的是，这世上本无完人，几乎所有的“老好人”，都活得无比疲惫和狼狈，最终，他们也并没有如愿以偿地成为别人心目中的“完美之人”。

做一个“完美主义者”，注定是一件徒劳无功的事；作为一个“老好人”，也注定要委屈和孤独。

当然，你也肯定有苦恼的时候。每当面对他人的无理要求，甚至是强求，你会为难，会委屈，会尴尬，会不甘，甚至会觉得全世界都在欺压你，无视你的需求和感受。

只是，你内心的脆弱，让你不敢大声地拒绝他人，在“不”字说出口前，你已违心地吐出了“是”。那些拒绝的话，你不知道从哪里开始，不知如何说出第一个“不”字。你怕失去友人，怕得罪亲人，怕惹怒伴侣，甚至连不甚相干之人的脸色与评价，你也要在乎。对，你就是从来不懂得拒绝的那一类人。

更严重的情况是，你甚至没有意识到，你应该拒绝。你不知道，拒绝的权利你生来就有，只是你已将它遗忘。忘了要拒绝的你，一不小心变成了他人的傀儡，唯唯诺诺，战战兢兢，做了很多“奉献”，却并不快乐，更不自由。

终于有一天，你想要抗争，想要改变，想扭转乾坤，为自己恣意而活。你拿出得罪全世界的勇气，准备要大动干戈，遗世独立。

我欣赏你的勇气，却也不得不告诉你：真的无须如此用力。

心理抗战，从来只是一个人的战争，你要战胜的，唯有你自己而已。别人无法为你宣战，也无法对你宣战，能开启这场战争的，只有你自己。迈出第一步，说出第一个“不”字，才意味着号角的吹响，战争的开始。

而这本书，就是想要告诉你，如何迈出第一步，如何打赢这场战争，如何才能避免“杀敌一万自损三千”，如何拒绝得更加优雅自然又果断。

当你不敢拒绝时，我希望，我能让你更有勇气！

龙湘涛

2017.3.15

目录

Contents

第一章　有多少坑，是“不敢拒绝”为你挖的

第二章　拒绝他人，绝对不是一个错误

第三章　追求“完美主义”，只会让自己窒息

第四章　天涯海角，你逃不掉感情债

第五章　越害怕失去，就越会失去

第六章　道德感泛滥，淹死的是自己

第七章　人格上不独立，人际交往上就会缺乏骨气

第八章　拒绝是一种常态，习惯就好

第九章　拒绝是一门艺术，需要终身修炼

第一章

有多少坑，是“不敢拒绝”为你挖的

1. 认知上的错误，让“不敢拒绝”有机可乘

导读：好人是在“人”字前面加一个形容词“好”，而不是在“好”字后前加一个没有灵魂的“人”。

相信你和我一样，将做一个好人作为处事立身之本，这是毫无疑问的。但是，我们今天要讨论的是，我们在必须做一个好人的基础上，怎么做一个聪明的好人，而不是一个“老好人”，甚至是“烂好人”！

为什么我会有这样的想法？让我先说几个“好人”的真实经历。

好人A，方圆五公里内的“有求必应先生”，别人有事找他，不管为难不为难，先一口答应，再想方设法办到。结果就是，外人称他是好人，家人怨他不负责任。他经常因为帮别人而坑了自己。终于有一回，隔壁村的隔壁村有个“社会人”找他帮忙卖一辆二手车，说是急用钱，得把自家的车卖了变现。好人A到处打探买家，比卖自家的番薯卖力多了。然后，他终于帮“社会人”把车卖了出去，不过，他也把自己“卖”了出去。当手铐戴上他的手腕那一刻，他才知道车是“社会人”偷来的，“社会人”从来就没买过车。好人A蒙头成了替人销赃的替罪羊，锒铛入狱。

好人B，单身男，没房没车，收入不低，存款基本为零。别的单身男穷，是因为把钱都花在吃喝玩乐上了。他穷，是因为把钱都借出去了。张三三千，李四五千，王二麻子一万，还有些三百五百的，一笔笔糊涂账，连他自己都记不清。他就是一只行走的提款机，提款人名叫“别人”。别的单身男忙着买房买车娶老婆，他忙着当债主。他是不是借钱上瘾了？当然不，他智商也算正常，不是不知道手里有钱的好处。可是作为一个好人，让他开口拒绝别人，是一件无比困难的事。

好人C，在上海打拼的小镇姑娘，和男朋友辛辛苦苦地存钱买下一套近郊的房子，变成了老家的“驻上海办事处”。老家那些七大姑八大姨以及七大姑八大姨的子女们，她爸妈的朋友、同事、邻居，但凡要来上海，除非是出差可以报销住宿费，否则一律住她家。她不用答应，她爸妈早就帮她答应下来了，她不拒绝，就等于默认。然后她男朋友终于忍无可忍了——生活被无节制地打扰，赔着笑脸接待一批又一批不甚相干的人，让那个原本就承担着不小的生存压力的都市小白领疲惫不堪。男朋友提出分手，卖了房子平分资产，从此两人一拍两散。

在生活中，以上几位都是好人。如果非要在称呼面前加一个词来形容他们好到什么程度，那就是“老好人”“烂好人”。

在这里，必须科普一下，“老好人”“烂好人”已经不是普通意义上的好人，而是那种过度把自己当好人，一心只想着为别人办事、解决问题的人，他们为了满足别人的要求，情愿损失自己的利益，一旦意识到自己不能满足别人的要求，他们就会觉得自己是“坏人”。当然，最后他们基本上都能成功地把自己害得比较惨。

“老好人”“烂好人”是“好人”的更高级别，如果说对“好人”的界定基本上还在正常范围内的话，“老好人”“烂好人”则已经走火入魔了。

“好人是从来不会拒绝别人的，他们对所有人都有求必应。”

“我是一个好人，我不应该拒绝别人。”

“一旦拒绝了别人，我就再也不是24K纯好人了。”

这大概就是“老好人”“烂好人”的人生三大魔咒吧。

只是，魔咒的反噬力太强，倒霉的往往是自己。

好人A，帮忙不分对象，不问清楚缘由，只知道埋头当好人，结果害得自己锒铛入狱，甚至得不到家人的理解和同情。

好人B，对自己的财产毫无管控力，对别人毫无拒绝力，误把来者不拒当作慷慨，将自己活成了冤大头。

好人C，对于不必要的麻烦不知推拒，对别人替她答应的事毫无反抗，任由人际关系中的额外负担来挤压自己和男朋友的生存空间，让彼此不堪重负。怪男朋友薄情吗？我怎么看都觉得是她更薄情。她的好只针对别人，她的博爱唯独将男朋友排除。在她的博爱面前，爱情早已无处安身。

你是不是觉得，我在教你不要做好人？当然不是，我只是想告诉你，在决定做好人之前，请正确认识一个好人应该是什么样子的。

不做违背道德和法律的事，不坑人、害人、损人，这是一个好人的基本配置。但也不是说，好人就必须把做好事当作日常行为规范，哪天没做好事就不配当好人了。

一个好人，一般来说当然是要乐于助人的。但请弄清楚，乐于助人从来就不等于有求必应。前者是有选择、有节制地帮助别人，后者是无原则、无限制地答应别人的请求甚至要求，前者是主动的、从容的，后者是被动的、狼狈的，二者有着本质的区别。

一个好人，不是不能拒绝别人。恰恰相反，为了保持好人的纯度，你应该有原则，有尺度，有节操。有些事，对一些人来说是好事，对另一些人或对你自己来说，可能就是坏事，那你就不能只考虑一方面的请求，而对另一方面的需求视而不见。对自己作恶也是恶，坑了自己也是坑，更何况这样还会连累自己身边的人。

一个好人，拒绝了别人之后，还是好人。好人就像天空，不会因为下了一场雨刮了一阵风，就变得一无是处，不配出现在我们头顶。如果拒绝得合理、坦然，没人会认为你是坏人，除非对方本身就有问题，对“好人”的理解过于狭隘。

所以，为了做好人而做好人，用“好人”的模型把自己塑造成别人所希望的模样，这是在做雕塑，不是在生活。

好人是在“人”字前面加一个形容词“好”，而不是在“好”字后前加一个没有灵魂的“人”。不搞清楚谁是主子，谁是随从，你就成了“好人”这个美名之下的傀儡，丧失了独立的思想和灵魂。这才是真正意义上的活埋。

如果你还在心心念念做一个“好人”，试图通过满足别人、从不拒绝别人来获取“好人”的美名，被人用夸赞之辞高高捧起，我只能说，你不是想做一个“好人”，而是沉迷于“好人”的漂浮感。你不是真的善，只是被自己的善感动了。

如果你还在战战兢兢做一个“老好人”，辛辛苦苦做一个“烂好人”，为了给别人行方便把自己的生活弄得一团糟，你在别人心中的形象，可能更接近于“烂人”而不是“好人”。别人对你顶多是“哀其不幸，怒其不争”，而不会被你感动得泪流满面，更不会赞美你、回报你，给予你圣母般的关怀和爱。在看客眼里，你失败的人生不过是一个笑话。

其实，不当“好人”也并非不可。好的对面不一定就是坏，不当“好人”，也并不意味着你就是“坏人”，你可以做一个不那么完美却真实的普通人，这要比当“好人”轻松多了，也比当“烂好人”聪明多了。

人生多艰，路多不平，就别再自己给自己挖坑了。摔得鼻青脸肿，看着都疼。

2. 自我要求完美，让“不敢拒绝”见缝插针

导读：对自己要求完美的人，忙于应付别人的挑剔，对自己各种不满，各种怀疑，觉得自己简直是从头发丝到脚趾头没有一个细胞有存在的价值。完美主义很容易导致自我否定，从而一事无成。

你是个完美主义者吗？

我发现，我的身边潜伏着为数不少的完美主义者呢！

有个朋友，他觉得自己应该成为一个人格上毫无瑕疵的人，要是谁对他稍有微词，或不经意地对他做出半点疑似负面的评价，对他来说，简直是对他整个人格的否定。接下来的很长一段时间，他绝对会忙于修补自己的灵魂。

比如，人家要是因为他没帮忙而说他不善良，他一定会找机会加倍补偿人家，直到对方满意并给出好评，他才睡得着。要是朋友圈出现了捐款、捐物、寻人之类的信息，他一定会不辨真伪地参与，唯恐被人认为没有同情心。参与了之后，他则暗暗得意，觉得自己的灵魂又一次得到了提

升，再一次显现了其人格的伟大。

还有个哥儿们，特别怕别人说他无能。朋友跟他借钱，他没钱也会去跟别人借。朋友喊他帮忙干点什么，不管多费劲他都不推辞。

有一次，他去国外出差，应朋友要求背回了一大箱东西，全是帮人采购的，为此他每天都在跑超市、商场，还差点耽误了一个重要会议，被老板骂得狗血喷头。过海关的时候，东西被扣了，他囧得要死，生怕托他买东西的人觉得他事情没做好，觉得他“土包子”不懂海关的规定，只好自己偷偷垫了关税。

他最无法忍受的，就是别人质疑他的能力，每次只要他开口拒绝人家，对方说一句“你这点忙都帮不上”，他就中招了，胸脯一拍牛气冲天地说：“包在我身上！”然后，他会费尽九牛二虎之力，只为证明自己的能力非同一般。

我以前有个同事，恰好是前面两种人的反面。她从不委屈自己，专门委屈别人，她每天说得最多的就是别人的缺点，不是吐槽这个人做事不懂方法，就是嫌弃那个人智商和情商太低，要么就是抨击别人穿衣没品位。然而，她在工作上基本只说不做，大家甚至怀疑她是老板专门聘请来添乱添堵的，背地里骂完她又骂老板。

这三个人，都是完美主义，却“完美”得各有千秋。

完美主义大致可以分为两类：一类是对别人要求完美，一类是对自己要求完美。

对别人要求完美的，忙着对别人提要求，各种看不惯，各种指点江山，自我感觉特别好。一天不夸自己一番、贬低别人一顿，就觉得生活不完美，日子白过了。

对自己要求完美的，忙于应付别人的挑剔，对自己各种不满、各种怀疑，觉得自己从头发丝到脚趾头没有一个细胞有存在的价值。完美主义很容易导致自我否定，从而一事无成。

如果对别人要求完美的人遇到对自己要求完美的人，那就有好戏看了：前者没完没了地索取，后者没完没了地奉献。拒绝？那是前者的专利，后者的词典里没有这个词，因为在后者心中，拒绝=无能=不完美。天哪，这还了得！

所以，那些对自我要求完美的人，往往是活得最累、最不可能完美的那一类人。

他们热衷于放大自己的缺点，缩小他人的恶性。

自我要求完美的人，像天生跟自己有仇一样，对自己的评价总是异常苛刻，对自己的要求从来都是最高标准。他们无法忍受自己的一点儿缺点，一旦发现自己身上有点小毛病，就会启动强迫症思维，把小毛病放大成人性上的恶、灵魂上的罪这个高度，然后无比厌弃自己。

更令人费解的是，他们通常对别人很宽容，觉得别人身上的所有问题都无伤大雅，应该被包容，被原谅，被春风吹拂阳光普照。哪怕别人对他们使坏、作恶，他们也能找出合理的理由来解释对方的行为，为对方脱罪。

他们习惯于把别人的一点点要求升级为对自己的强求。

他们总是觉得自己应该为别人做很多很多，而且总觉得自己做得不够好，“不够好”是他们无论如何也无法容忍的。他们从不认为别人应该为他们做什么，即使别人的要求再过分，他们也觉得别人是“情非得已”。不知不觉中，他们伙同了别人对自己进行独裁统治。

他们把追求完美当成追求卓越，再累都不肯放手。

他们完全没搞懂，追求完美和追求卓越看似相近，却有本质区别。前者是不可能达到的目标，注定会让自己失望；后者才是靠谱的追求，能给人正面激励。他们不明白，追求完美这种事，只能当作一个美好的愿望，挂在树上。如果非要挂在心上，随着每一次脉搏提醒自己，过于执着，就成了执拗。

自我要求完美，往往给“不敢拒绝”见缝插针的机会。对于那些喜欢钻空子的人，这简直是天降福音啊！他们利用别人的自我要求完美的心理，施施然地提出要求，然后就等着别人乖乖照做。不用担心完美主义者给出的答案满足不了他们的要求，相反的，他们通常能收到惊喜，因为，完美主义者做起事来，比他们自己要漂亮多了。

比如，我前面提到的那个对别人要求完美的同事，姑且叫她大美吧。对于她的挑剔和吐槽，一般人都能无视，不会受其负面影响，但部门里的另一个小姑娘小美，就不那么洒脱了。很不幸，她恰好是另一种完美主义，对自己要求异常严格。每次大美说她工作没做好，她都跟自己过不去，加班重做，铆足了劲地为难自己。做完以后，她还会拿去给大美“审核”。自从大美发现小美那么乖、那么好欺负之后，她的完美主义精神就像打了鸡血，越发精力旺盛，动不动对小美指手画脚。

你是不是觉得在大美的挑剔下，小美会迅速成长为一名业务精湛的员工？然而并没有。

大美本身并不是精英，也没有在工作提高上下过任何的功夫，她的挑剔只是源于她莫名其妙的优越感和对别人过于苛刻的要求（虽然她并不具备对别人提要求的资格）。小美在她那根并不高明又不专业的指挥棒胡乱地挥舞下东窜西跑，无用功做了几箩筐，收效却适得其反。但她始终觉得，大美是在为她好。

最后，小美被主管发现她竟然做了大美的大部分工作，而大美每天更加无所事事，到处挑刺，忍无可忍的主管把大美和小美一并收拾了。引用主管的原话就是：我不想要一个自以为是的下属，更不想要一个毫无主见的下属。我从不要求下属是个完人，但我无法容忍下属是个蠢货。

是的，完美主义者总认为自己聪明过人，其实一不小心就成了别人眼中的蠢货。

如果你也是个完美主义者，我觉得你可能一不小心把自己当成神了，受多了膜拜，就以为自己真的无所不能。

不过，传说中的神也不是无所不能的吧？至少人家还有个明确分工，各有所长，管风的唤不了雨，管打雷的不干闪电的活儿。

作为一个凡夫俗子，你怎么好意思又是凭什么觉得自己比神还厉害，对所有人都能有求必应?

试着走下神坛吧，你不过是个凡人，无能为力的事多得数不过来，再怎么卖力举起胳膊挑起担子，你的形象也不会高大，反而容易因为用力过度显出狼狈。

何况，大家那么忙，你就不要苦苦地摆着一副不食人间烟火、只为他人不为自己的姿态了，根本没人有功夫搭理你。务实点儿吧，该干吗干吗去。

说白了，你是一身臭毛病还是完美无瑕，只有你自己在乎而已。

3. 感情控制理智，让“不敢拒绝”得寸进尺

导读：情感泛滥容易导致理性缺氧，影响判断力和决策力。

不用理智只谈感情的人，到底是潇洒一世，还是惨淡一生？

《欢乐颂》里的樊胜美，给我们做出了最好的诠释。

樊胜美堪称感情控制理智的活标本。她出身贫寒，收入不高，是一个集善良、虚荣、懦弱为一体的人。她为人讲义气，好帮人忙，经常干打肿脸充胖子的事。还特别要强，生活明明窘迫狼狈得要死，却非要装出一副“我活得特别精彩”的样子，死也不愿意把她的疲态暴露给别人看。

她对家人的付出，更是令人唏嘘。作为一个30岁的女人，她没有一分钱存款，哥哥结婚的房子首付是她出的，还贷也是她，连他们生孩子的钱都是她出的。并且，哥哥欠了赌债后，她父母带着侄子投靠她，已经亲眼见到她生活的窘迫，却并不停止对她的压榨，掏光她钱包里最后几张零票子，还叮嘱她寄钱给哥哥。就连她爸生病住院需要手术，她妈也只是逼着她去借钱，不肯拿房子抵押，直言不讳地说不能把房产证给她。

就算是这样，她的家人对她并没有丝毫感激，我甚至从来没有从她父母身上看到对她的一丝一毫的感情。他们对她，永远都是索取、责怪、压榨，把整个家庭的重担都压在她一个人的肩上。

她的行为，表面上看起来是被家人所逼，但从心理上来分析，她又何尝不是在拼命讨好家人，企图获得家人的认可，得到亲情的温暖？我们甚至不难推测，樊胜美从小到大的待遇就是“爹不疼，娘不爱”。长期缺爱，让她更渴望爱，得到的感情太稀薄，她才渴望厚重浓烈的情感。

当然，她也说过，“可以为了取悦心爱的人，不停地把自己保养得美美的，但首先最应该取悦的，却是自己”。可说出来是一回事，做起来又是另一回事，她分明是一直在委屈自己来取悦家人。

她说过：“我们这些外地女孩子，工作才是唯一的依靠。”她不是不知道她必须努力工作，依靠自己，她心里又何尝不明白她的家人不可能是她的依靠。但同时，她又任凭全家人把她当作唯一的依靠，把所有的生存重担都扔给她。

她说自己是卫生纸，不停地替哥哥擦屁股。可她说完，还是继续充当卫生纸。

她家明摆着是个无底洞，她却非要舍身去填。她可能觉得家人总有满足的一天吧！只有清醒的旁观者才明白，即使她把一生都搭进去，也不见得能填满家人的欲壑。欲壑是最深不见底的啊！

樊胜美的例子告诉我们：

第一，感情这东西，不是你在乎它，它就眷顾你。

樊胜美很在乎她的家庭，也很在意亲情，不然，她也不会被家人挟制。

在家庭中，她努力扮演好女儿的角色，给家人很多很多的钱和很多很多的爱。这时候，家人暂时觉得她是一个好女儿。一旦她不能再对家人有求必应、帮哥哥解决麻烦，就遭到家人的训斥。

什么，你居然不愿意为我们做牛做马了？！那我们养你是干什么用的！

这大概就是隐藏在她家人心中最真实的想法。

在人际关系中，樊胜美也不知不觉通过扮演“知心姐姐”的角色，意图获得别人对她的认可，与对方建立良好的关系。可是，在别人心中，她真的能够获得对等的感情吗？也未必。朋友对她有同情，有看不起，却唯独没有深情厚谊。

我觉得这很合理。如果深情厚谊是通过小恩小惠就能换来的，那深情厚谊也未免太浅薄！

因为家人对她的漠视和不关心，她在自己心中，也毫无价值感。她觉得自己不够好、不可爱、不值得被爱。她虽表面上心气很高，内心却卑微如尘埃。

她当然也不相信凭借自己的努力能够活得更好。她甚至不敢追求真正的爱情，不相信感情能给她带来幸福。她通过物质获得家人的认可，本能地觉得只有物质才能给她带来幸福，所以她把嫁个金龟婿当作自己的救命稻草。

樊胜美的悲哀在于，她明明是一个很重感情的人，却没有得到感情的眷顾，没能获得亲情、爱情、友情，反而被感情拖累得不敢再相信感情。

可见，感情这东西，不是你在乎它，它就眷顾你的。

第二，理智并不意味着没有感情，理智也不会破坏感情。

那些理智的人都没有人情味、不讲感情吗？

当然不是。安迪就很理智，但她照样同情别人、关爱别人，也照样收获友情和爱情。

理智的人，只不过是把感情藏得比较深，在该用的时候用，而不是凡事都“跟着感觉走”，任凭感情做主。

人类之所以成为高级动物，不就是因为人不仅仅有感情，还具有理智吗？

有人担心，拒绝别人会得罪对方，使对方改变对自己的态度；拒绝别人，会使对方改变对自己的情感、在情感上疏远自己。

还有人表现为：拒绝对方，自己在情感上会觉得愧疚。

其实，这真的只是自己给自己背上的情感包袱。

有些人对你的感情，是不需要建立在任何利益基础上的，这就是“无条件的爱”。这种感情不会被理智破坏，反而会因为理智而变得更加有原则，也更加坚固。

有些人对你的感情，是基于你对他是否有利用价值，目的是利用感情从你这里免费换取利益。严格来说，这种感情根本不能叫感情，充其量只能叫虚情假意。

当你毫无利用价值的时候，他才不会跟你谈感情！

这种人没有感情吗？有。只不过他的感情之门不对你免费开放，他无条件爱着的另有其人。

第三，感情用事，不过是变相的鲁莽。

情感泛滥容易导致理性缺氧，影响判断力和决策力。

很多人在拒绝他人这件事情上遇到瓶颈，他们不是不知道要拒绝别人，也不是不知道如何拒绝别人，而是做不到抛开感情的干扰，理智地处理问题。

周国平说过：在人类的一切事业中，情感都是原动力，而理智则有时是制动器，有时是执行者。或者说，情感提供原材料，理智则做出取舍、进行加工。

如果缺乏理智的参与，只凭感情用事，这跟鲁莽又有什么区别？

那么，樊胜美们，可以做什么？

当务之急，是要正视现实，承认自己能力有限。

在家人的想象中，樊胜美是一个有出息的人，生活在大城市的白领，吃好的穿好的住好的，可以给家人提供源源不断的帮助，为家人解决一切麻烦。在不知不觉中，她也用同样的标准要求自己。可惜心有余而力不足。上帝不会因为她觉得自己是公主就赐给她一座宫殿，想象再美好，她也还是贫穷的“胡同公主”。

如果她能正视自己的现实，承认自己生存窘迫，是生活中的弱者，她真的不用活得那么累。

我们累，往往不是因为所处的现实，而是不肯面对现实。

樊胜美们也是这样，有着这样或那样的弱，却从来不肯承认，一定要咬牙死扛。

可是，所有的不甘示弱，都要付出代价，越弱的人，越是咬牙死撑，所花费的力气就越大。只有学会了示弱，理智地看待自己的能力，才不再为难自己。

接下来，我们还要明白，理智的爱才是健康的爱。

不管是亲情、友情还是爱情，一味地感情用事、一味地取悦、一味地付出，都是有问题的，甚至可以说是病态的。

一个人求你十次，你偶尔帮他一次，他可能对你感激涕零；一个人求你十次，你帮他九次，因为那一次拒绝，他可能对你心生怨怒。这是因为，你的一味付出已经破坏了这份情感的平衡，使之进入不健康的模式中。

不论是我们多么在乎的感情，如果感情的另一方过度控制和索求，我们一定要拒绝和反抗，用理智使感情保持平衡。

记住，失衡的感情，越深越锋利，当它刺向你的时候，也会越具有杀伤力。

4. 害怕失去，让“不敢拒绝”攻城略地

导读：这世界，能逼走人的不是拒绝，能留住人的不是讨好。

你是一个害怕失去的人吗？

有一次，我跟朋友们讨论一个话题：“你最害怕失去什么？”

W君毫不犹豫地说：“当然是钱啊！”

W君是凤凰男，出身寒门，小时候家里经常揭不开锅，他的裤子永远都是补丁叠着补丁，每到开学的时候他就很害怕，担心家里凑不够这个学期的学费，他再也不能跨进学校的大门。

有一回，妈妈交给W君十块钱巨款，让他去集市上买一批小鸡回家养，那是他将来的学费。离家之前，妈妈千叮咛万嘱咐让他把钱拿好，千万别丢了。

结果，W君走了十多里山路赶到集市，掏口袋的时候来了个晴天霹雳——口袋里的钱不见了，不见了！他明明是一路走一路摸着的啊，怎么能不翼而飞了呢？他疯了似的从原路返回去找，一路上把路边的每一丛草、每一块石头都翻遍了，只看见无数的蚂蚁，没见到亲切的人民币。

十二岁的W君很绝望，感觉天都要塌了，一屁股坐在泥路上大哭。他甚至想过，还不如死了算了，死了也比面对丢了巨款的事实要好，他真的不敢想象妈妈知道钱丢了以后，是打死他还是自己去死。

后来，他没有死，他想不出用什么方法去死，就一直呆坐在地上，直到天黑了，妈妈焦急的声音从路的那头传过来。等妈妈找到他，得知实情后，先是狠狠打了他一巴掌，然后抱着他号啕大哭。妈妈的哭声响彻了山谷，也窜进他的骨子里，他一辈子都忘不掉。只因为十块钱，只是十块钱。

从那以后，W君连一根稻草都没再弄丢过，不是他运气好，而是他谨慎到把任何东西都死死抓在手里。

R小姐说，她最怕失去的是亲人。她指的不是亲人死去，而是被亲人抛弃。

R小姐的父母感情不好，每次她爸妈一吵架，她妈就会跟她说：“都是因为你，我才不跟你爸离婚。如果你不听我的话，以后没出息，我就不要你了。”她爸则动不动就对她和她妈说：“总有一天我会甩掉你们两个累赘，去过我的潇洒日子。”

在R小姐成长的过程中，每次父母吵架，都成为她最黑暗的日子。她不知道他们之间谁会先走，但不论是谁，好像都没有说过要带上她。她注定是累赘，注定会被抛弃。即使这样，她仍然努力表现得好一点儿，讨父母欢心，只希望他们在离开的时候动一动恻隐之心，带上她一起。

虽然R小姐的父母至今还在一起，她也已经可以独立地生活，但那种被抛弃的恐惧还是像一条毒蛇，紧紧缠绕着她。

W君不是贪财之人，但那种失去金钱就等于失去人生所有希望的感觉，却已成为他再也不敢触碰的痛点。

工作后，为了不失去饭碗，他每天疯狂地加班，只要主管对他的工作表现出半点不满，他就吓得要死，一定要加倍努力赢得主管的笑容才稍安心。即使是同事对他稍有挑剔，或把工作甩给他，他也二话不说地揽过来。

他坚信干得越多，公司就越需要他，离失去工作的危险就越远。为此，他甘愿付出十倍的劳动，不敢质疑或拒绝任何工作安排。

R小姐不是对爱贪婪，只是童年时期来自最亲近之人的情感和精神虐待，成为她一生中最黑暗的噩梦。幼小的她太害怕被抛弃，于是努力讨好大人，即使这样，被抛弃的噩梦也从不曾远离。

结婚后的R小姐，为了不失去老公，一方面把老公看得死死的，一方面又对老公无比讨好和顺从。为了增加留住老公的砝码，她生了两个女儿之后，还想方设法生了一个儿子。

可是，害怕失去就不会失去了吗？

W君如果不把精力放在提高专业技能上，而只知道看领导的脸色、不得罪同事，即使付出再多的劳动也是徒劳。铁打的营盘流水的兵啊！没有人会重要到是公司不能失去的，假如有，也是因为这个人的能力能够决定这家公司的生死存亡，而这种能力，绝对不是拍马屁的功夫，讨好同事的手段，或包揽一切杂事的妥协。

R小姐死死地看住老公、顺从、讨好、生孩子，就能拴住他吗？男人需要的不是一根缰绳吧？不然他干脆投胎做一匹马好了。

还有那些害怕失去朋友、得罪亲戚，恐惧被其他人孤立、抛弃的人，真的会因为小心翼翼地对待别人，就朋友成群、亲戚夸赞，周围一片其乐融融了？未必吧。至少我从没听说过谁一天到晚害怕失去某个人，对方就不会离开，倒是见过不少因为担心失去某个人而企图死死将对方抓住，结果真的失去了的例子。

以前看过一句话：“这世界，能带走人的不是道路，能留住人的不是房子。”现在我想把它改一下：这世界，能逼走人的不是拒绝，能留住人的不是讨好。

一个人不离开你，一定是因为你有吸引对方的地方，使他自动被你吸引住，而不是你有抓住对方的力气，让他离不开。

比如，你能成为别人的朋友，是因为你跟对方有共同语言，价值观相近，性格投合，跟你做朋友他很舒服，不仅能够得到陪伴，还能从精神交流中获得提升。

你能成为别人的合作伙伴，是因为你有他需要的资源，不管是技术、人脉还是金钱。哪怕是你愿意付出加倍努力，你起码得能够给对方带来利益，他才愿意跟你一起奋斗。

你能成为亲戚心目中的好亲友，也不是因为你动不动就有好处给人家，而是你本身能给亲人们带来温暖和关怀，或你的优秀能够成为他们的骄傲。

一个男人或女人不离开你，是因为他（她）爱你，觉得你有魅力，跟你在一起很快乐，能够感受到幸福，而不是你手中有一根能拴住他（她）的绳子，或是有让他（她）贪恋的物质。

还是那句话，不管是人、金钱还是机会，遇见了只是你的运气，留住了才是你的能力。而想要留住，靠战战兢兢的防守是远远不够的，你必须具备主动提升吸引力，牢牢掌握抓住的能力，才能让自己彻底摆脱患得患失的心态。

5. 道德感泛滥，让“不敢拒绝”盘根错节

导读：不懂得挣脱束缚的人，注定会成为别人的奴隶。而那些不肯放弃自由的人，迟早会解放自己。

道德感泛滥是怎样一种表现？

知乎上有人这样回答：

我老婆，买水果的时候别人是挑好的买，她必然要挑烂的买，头两次我以为她被坑了，直到有一次跟她一起去买才发现是她特意找烂的买。我问她为什么，她告诉我要是人家卖不出去烂了多可怜。当时我心里简直是万马奔腾。心想：这个水果店老板一天营业额比你老公一个月工资还高，你老公比他可怜多了！

哈哈哈，请让我笑一会儿。

再让我哭一会。因为我想起了一个朋友——英子。

有一次大家一起自驾游，沿途看见一些农民打扮的人在摆摊卖水果，

英子对我们车上满满一后车厢的食物视而不见，非要大家停下来买水果，原因是她觉得那些农民太可怜了。

大家也无所谓，买就买呗。结果一问价格，妈呀，足足比市场价高出十倍，平时十几块钱就能买到的一只西瓜，居然要一百多块。大家顿时觉得不是卖西瓜的农民可怜，是我们可怜，按照这个价格标准，人家的GDP甩我们几十年。这样一比较，我们算是难民。

难民们不愿当冤大头，毕竟都沦落到这个地步了，哪还好意思挥霍。于是大家纷纷返回车上要走。英子死活不肯，不但要自己买，还非得逼着每辆车都买一只西瓜。她说：人家赚这么多也是应该的啊，在太阳底下晒一天，你们来试试！你们这些人真是一点儿同情心都没有！

男士们被她说得脸上有些挂不住，只好掏钱。英子满足地笑了，水果摊贩也满足地笑了，画面一片和谐，只有我们在悄悄肉疼。

午饭时间，我们在一个农家乐门前停车吃饭。鉴于之前的天价西瓜事件，同行的一位女性朋友让我们先别上桌，先要了菜单看价格。果然，路边小饭馆的菜价直逼五星级酒店的标准。我们扭头就走，反正车上的食物都够供给一个排了。

这次英子没拦得住大家。但是，接下来的旅程里，她一直围绕这件事碎碎念，无非是说大家小气、没有同情心、不体恤农民的辛苦之类的，弄得有人都私下发微信给其他同伴开玩笑说干脆把英子扔在这里救苦救难得了，不然这个地方的人没有她的恩泽怎么生存得下去。

当然，这只是玩笑话，最后大家并没有真的把英子扔下，只是整个旅程都不再愉快，她抓住每一个机会批评大家。所有人都觉得大家不是去旅行，而是来到了天堂，二十四小时被迫接受圣母教诲。

这是最“光辉照耀”的一次旅行，也是最痛苦不堪的一次旅行。

这就是道德感泛滥。英子这样的人，就是传说中的“圣母”。

“圣母”们的典型思维是这样的：

我对他好，我掏心掏肺，我舍血舍骨，我愿意。

纯粹的爱是不求回报的，要求回报的爱就不纯粹，就不配成为爱。

有功利心就是伪善。

她看起来好可怜，我一定要拯救她。

那些看起来弱势的人，所有人都应该无条件帮助他们，拒绝他们就是没有同情心，就是冷血动物。

“圣母”们以为自己是上帝，可以无限忍让、宽恕和慈爱，阳光普照，恩泽四方。别人怎么对他们，他们都可以遐想为：他是迫不得已的，他有他的苦衷，如果我还怪他，那就太不近人情了。

他们四处播撒圣母心，以收获道德快感。他们还逼着别人去享受这种快感，如果别人不这样做，就是圣母的对立面，万恶的撒旦。

虽然并非人人都是“圣母”，但在那些“不敢拒绝”的人群中，很大一部分人都有不同程度的“圣母”病，因为道德感泛滥，要么意识不到应该适当拒绝别人，要么觉得不应该拒绝别人，要么做不到拒绝别人。

他们认为：

拒绝别人就是犯错，是不道德的行为，是十分羞耻的事情，不配活在世界上。

品行好的人永远助人为乐，拒绝帮助别人就是坏人。

善良的人从不对别人说“不”，否则就配不上“善良”两个字。

他们自以为能控制并掌握一切，有能力满足所有人的要求。

然而，这不过是对自我能力的错误估计，本质上是自我膨胀加无知。他们永远不知道自己想要什么，该怎么做，于是别人叫他们做什么，他们就做什么。

但我所理解的善良，并非一定要“日行一善”，满世界地寻找穷人和弱者去救苦救难。在我看来，不作恶，能遵守基本的法律和道德，能正确判断是非，并坚守自己的原则和底线，就是善良。

这样说或许有点伤感，但我真的要说：过剩的道德感，不是道德在数量上的取胜，而是一种理性上的懦弱。不分是非，没有原则，动不动就对那些看起来弱的人心生同情，扑过去拯救，这未必是善，而是蠢。

因为不是所有的人都是真的弱，也不是任何人都值得你无原则、无限度地去帮助他。甚至有些人，是故意利用你过度丰盈的道德感对你进行剥削和伤害。

虽然有“圣母”心态的人，总是基于同情心、道德至上的意识形态去认同剥削自己的人，把他人对自己的剥削和伤害行径合理化，提高了承受能力，包容心无原则地放大。

可是，还有一部分没有那么强大的“圣母心”的人，就比较矛盾和痛苦。一方面，他们既被自己的道德感召唤着不断为别人服务，一方面又不够“纯洁高尚”“宽容忍耐”，多多少少对别人的过度索取有些计较。于是他们想拒绝。

在我看来，这部分人还是有得救的。当你终于明白你不是圣母本人，当你终于觉悟你来到世界上不是专门来救苦救难的，当你终于看清楚有些人有些事是你应该说“不”的，你就还有医治的价值。

不懂得挣脱束缚的人，注定成为别人的奴隶。而那些不肯放弃自由的人，迟早会解放自己。

那么，从今天开始说“不”，一切还来得及。

6. 人格不独立，让“不敢拒绝”排山倒海

导读：当你站到了一定的高度，拥有独立的判断能力，对于外界那些乱七八糟的声音，你的眼睛和耳朵是会自带屏蔽功能的。

人格不独立到底有多可怕？

我认识一个姑娘叫小依，她特别热衷于追问别人对她的印象和评价，没事就从网上搜罗诸如“测测你是怎样的人”“九型人格自我评定”“星座性格测试”之类的题目来做，比备战高考还卖力。如果谁随口对她说了一句半句带有评论性的话，完了，接下来的几天里，她肯定都要纠结在这句评论里，在褒贬之中反复揣测。

然后，小依还是不知道自己到底是怎样的一个人，因为每个人的看法都不一样。莎士比亚不是说了吗，“一千个人眼中有一千个哈姆雷特”。有一次，小依去一家公司面试，面试官让她用几句话简单评价一下自己。然后小依就懵了，想了半天，支支吾吾地说：我也不知道自己是个什么样的人，有人说我性格比较内向，有人说我其实跟熟人在一起也挺能说的，也有人说我性格随和……

这算什么答案？面试官当着她的面皱着眉直摇头。然后小依就在面试官面前哭了，她知道面试官对她的表现很不满意，她对自己也很失望。她不是为自己答得不好失望，而是为自己没能获得面试官的认同而失望。不能获得别人的认同，对她来说就是重大灾难。

生活中，小依的口头禅是："你觉得我做得怎么样？"

如果别人给出肯定的评价，她就会喜滋滋地好一阵子。如果别人给出一点点否定的回答，她就会沮丧无比，觉得生无可恋。

她的前男友就是因为受不了她每天都要问好几遍"你爱不爱我"才跟她分手的。

他说，每天都要庄严发誓很爱她、忠于她，真的很累。而且她什么事都要我帮她拿主意，我跟她在一起，就像养了个女儿。我还没结婚就当爹了！

还有一次，小依惊慌失措地跑来跟我说，她刚看到我的博客上有一些不好的评论，问我要不要出来解释一下，也许是人家并不了解我才这样说的。

我很淡定地回答："干吗要解释？我是怎样的人，又不由别人说了算。"

她眼睛瞪得大大的，像撞见了外星球生物："你都不在乎别人怎么看待你吗？你就只活在自己的世界里？"

我很奇怪："不然呢？我难道要跑到别人的世界里去活着？"

小依一副认知脱轨的样子，我很确定，在她心中我已经被划归异类了。

可是在我看来，小依又何尝不是异类？

首先，她对自己的一切认知都来自别人，而不是她自己。

在我们正常人看来，一个人难道不是自己最了解自己吗？即使不是，起码也不用依靠别人的评价来塑造自己吧？

小依却偏不这样想，离开别人的评价，她根本不知道该把自己定位在哪儿。

这恰好成为她出现第二个异类症状的根源，即过度取悦别人。

每个人都希望自己的形象是正面的、美好的，小依也不例外，所以她希望通过别人的肯定来塑造一个美好的自己。她觉得，得到别人的肯定，就必须让别人高兴，取悦是她能想到的唯一让别人高兴的方法。

通常来说，取悦症跟童年的成长和家庭环境有很大的关系。成年后总是努力去取悦他人的人，在幼年时期甚至整个成长过程中，很可能都遭受着来自父亲或母亲的强制命令，并被要求绝对不能违背。这些命令，可能来自生活中的方方面面，比如，所有的物品必须按照规定摆放，考试的分数必须达到大人的预期，甚至连最平常的言谈举止可能都要遵守大人给出的严格规范。同时，他们还可能会被告知：“假如你不这样做，你就不是好孩子。”

小依正是成长在这样的环境中，在人格塑造的关键时期，她缺乏独立认知自我的机会，导致她在人格上对他人过度依赖，不能自主，也不得自由。

儿童时期的特殊生存状态，几乎让所有人都学会了取悦于人。但这时候，这种心态和行为是恰当的，也是利己的。但是到了成年阶段，这种心态和行为就会对自己非常不利。

尤其是那些人格不够独立的人，如果通过讨好和付出偶尔挣得了好评，就会上瘾，误以为只要继续讨好和付出，获得的好评就会源源不断，然后最终成就一个完美的“好人”。

这些人在遭到拒绝或受到伤害后，也总是把原因归结在自己身上，觉得是自己不够好，才会受到别人的拒绝，得到别人的差评，他们甚至觉得别人的伤害是自己应得的惩罚。简言之，自作孽，不可活。

为了避免得到差评和伤害，他们是断然不敢拒绝别人的。

可我始终觉得，我们受欢迎，得到他人喜欢，应该源自我们本身的魅力，而不是我们用讨好式的付出来换取他人的欢迎和喜欢。这与自然吸引的原则是相悖的。与其把时间和精力花在取悦别人上，不如努力地提高自己、完善自己，让自己变得更好、更有价值、更值得别人肯定和赞美。

况且，当你独立到一定程度，你就根本不需要从别人那里得到认可，你知道自己的价值在哪儿，也知道自己有多重要。

你敢于特立独行。

你想夸自己就夸自己。

你不会把别人的评价看得比自身的体会还重要。

讨好和谄媚，在你身上永远不会发生，你光想一想这些词就觉得怒不可遏。

所以，当别人对你提要求的时候，如果不合理，你就能够勇敢地断然拒绝。至于别人那些嘈杂的评论，你更能够做到“视而不见”“听而不闻”。

是的，当你站到了一定的高度，拥有独立的分析与判断能力时，外界那些乱七八糟的声音，你的眼睛和耳朵是自带屏蔽功能的。

对不起，我要一心一意地吃西瓜，没工夫听你废话。

7. 习惯性顺从，让“不敢拒绝”滋生繁衍

导读：你只有具备了思考的能力、说“不”的魄力，才拥有了自由和智慧。

我认识梅子快三十年了，她今年二十九岁，是我堂妹。

我叔叔婶婶属于驯兽员型的父母，他们教育梅子的方式简单粗暴——听话给奖励，不听话就惩罚。

梅子小时候异常调皮，受罚挨饿、面壁、蹲小黑屋、站大门口，简直就是她的日常。渐渐地她就乖了，后来还荣升为方圆一公里内的模范好孩子。我叔叔婶婶的指挥棒往东一挥，她绝对不会往西，大人不让干的事，她想都不去想。

邻居都夸我叔叔婶婶教育有方，只有我一个人比较伤感——以前那个跟我一起上房揭瓦、下河摸鱼的堂妹再也不见了，莫名地觉得人生有些孤单。不能上房揭瓦的人生，还有什么活头儿？

倒是我这个做堂姐的，因为要经常帮梅子教训那些欺负她的小男生，被老师叫了几次家长。我那时候成绩还不错，平时“作奸犯科”又没被逮

住，父母也懒得管我。

长大后的梅子，毫无悬念地长成了一个缺乏主见、性格懦弱的人，遇事习惯性逃避，逃不掉的，就习惯性妥协。曾经会说“不”的时光太久远，她大概已经忘了“不”怎么发音。

梅子谈了一个男朋友，我叔叔婶婶嫌男方家里远，她就跟男朋友分手了，在父母的安排下就近嫁了一个父母相中的人。

梅子生孩子，一个女儿又一个女儿，她老公一家子重男轻女到恨不得上街摇旗呐喊的地步，梅子就不停地怀孕，堕胎，直到生出一个儿子。然后，她成功地把自己变成了“长得比较着急”那一类人。她现在跟我站在一起，根本没人相信她是我堂妹，她跟老公一起出门，所有人都认为她老牛吃嫩草。可是，她老公明明比她大六岁！

最近，听说梅子的老公出轨了，要跟她离婚。然后我叔叔婶婶不让离，让她一直拖着。于是，她的人生悲惨出了一点儿新意——婆家待不下去，娘家也回不了，一个人带着三个孩子租了间车库住，半毛钱收入都没有，喝西北风都得等到冬天。

有一次她打电话给我，哭着说孩子都两天没奶粉吃了。

我问她：“为什么不要求孩子的爸爸支付生活费？”

她：“他不肯给。”

我：“然后你就算了？”

她：“那我还能怎么办？”

这个该死的“包子”！我气得接不下去话。可是，我也知道她在很多年前就已经变成“包子”了，突然间异常伤感，再也说不出半句，默默地给她打了一笔钱。

我想起“套着大象的绳索”这的故事。象主人用粗绳子把小象拴在木桩上，防止它逃跑。开始的时候，小象还会挣扎，试图挣脱绳索，发现这样做只是徒劳后，就再也不会尝试逃脱了。“套在身上的绳索是不可能挣断的”这个观念已经在它头脑里植根，它乖乖地站在木桩边，即使长大以后，有了足够的力量挣脱绳索，它也不会再尝试。终其一生，它都会被绳子拴得牢牢的。对大象来说，绳索不仅是套在了它身上，更是套在了它的心上。

心理学研究显示：人的思维和行为都是有惯性的。很多时候，人们并不是在用大脑想问题，而是顺着惯性重复以前的思维和行为模式。所以很多决定，尤其是那些看起来不太重要的决定，可能并没有经过深思熟虑，而只是不经大脑的惯性顺从。

虽然很不愿意这样说，可是梅子的大脑真的弃置太久了，她的人生早已长久地固定在顺从别人的模式中。她把自己活成了一个机器人，别人输入指令她就执行，不管那个指令是多么不合理，多么违背人性，对她多么不利。

你可能觉得，像梅子这样的人是命不好。但我始终坚信，没有所谓的命运，所有的命运都是人为的。梅子的命运就是她父母和她自己一手造成的。

父母的驯兽式教育，造就了她习惯性顺从的性格。怯懦和顺从总是如影随形、狼狈为奸。同时，她发现顺从比反抗对她更有利，不思考比思考更轻松，所以也主动选择了不再思考。她骨子里的懒惰见风就长、日夜不息。

以前看到过一句话：因为我们的懒惰和怯懦，愚蠢才随后自然暴露出来。

所以你看，愚蠢也加入了围攻她的队伍中。当一个人的懒惰和怯懦深入骨髓，愚蠢就会病入膏肓。

反过来说，一个人如果在行为上愚蠢，思想上必然也是懒惰和怯懦的。他们习惯安于现状，遵循现有的思维和行为模式，慢慢地就失掉了对事物和人的基本判断力。他们不知道什么事是不该接受的，什么人是需要拒绝的，加上顺从总是比拒绝要简单，他们固有的懒惰会驱使他们选择顺从。

难道是他们不知道要对不合理的指令、不公平的待遇进行反抗、拒绝、说“不”吗？并非如此，他们只是习惯顺从，然后被懒惰、怯懦、愚蠢围得透不过气来，他们没有说“不”的勇气，也没有说“不”的力气。

鲁迅说过：“不在沉默中爆发，便在沉默中灭亡。”

习惯性顺从的人，如果不知反抗，就会彻底失去自我。

所以，梅子们，千万不要做一个习惯顺从他人、伤害自己的人，生活本身就够不容易了，何苦再为难自己？

你活着是为了满足别人，还是满足自己？

顺从和拒绝，最后到底是哪个更麻烦？

不再顺从，后果又有多严重？

是时候找回自己的大脑，好好想想这几个问题了。

我从不否定，这世界太多有条件的爱。父母说“你听话，你成绩好，你给我争光，我就爱你”，丈夫说“你漂亮，你柔顺，你孝顺公婆，我就爱你”，妻子说“你有钱，你有房，你给我花，我就爱你”。

但这并不足以成为我们放弃自我、一味顺从他人的理由。

你努力地避免批评别人，就像你努力地在避免被别人批评一样。你相信自己对别人做出的所有行为和情绪都会反射回来，你太害怕被那种反射灼伤，所以通过顺从他人竭尽全力避免冲突。你以为，没有冲突你就是安全的。

可是，如果人生不能由自己做主，和慢性自杀又有什么区别？

从现在开始，改变自己的思维和行为模式吧！

当有人跟你说：你应该怎样怎样，不能怎样怎样。你不妨先想一想：我为什么要那样？为什么不可以这样？究竟怎样做我的人生会更好，更舒服，更痛快，更自由？

当有人跟你说：“你得帮我这个忙，你不帮我，就没人能帮我了。”

在点头之前，你应该先动动脑子：我能不能帮他？我愿不愿意帮他？我为什么一定得帮他？我又不是他在这个世界上认识的唯一一个人，我又不是救世主。

当有人跟你说：“我就不给你应该给你的权利，拒不实施我的义务，你能拿我怎么办？”

在妥协之前，你应该了解一下：我只能被动接受不公平的待遇吗？有没有更实用、更有效的方法去跟对方博弈？

当你不再懒惰、不再怯懦，愚蠢自然会离你远去。你会发现，你有了思考的能力，有了说“不”的魄力，更有了自由和智慧。

8. 控制力薄弱，让“不敢拒绝”死灰复燃

导读：能否做到有效拒绝对方，跟我们自己的地位、金钱没有关系，跟我们的执行力才大有关系。

以后再也不借给他半毛钱了！

下次绝对不会帮他任何忙！

如果他再来求我，我一定会让他吃闭门羹！

你有没有咬牙切齿地说过这些话？

一般来说，我们在下这类决心的时候，都是因为没能拒绝别人而吃了哑巴亏。说这些话的时候，我们也是信誓旦旦的，并坚信自己一定能说到做到。

然而，最后我们总能发现，我们还是在借钱给别人，还是在帮某个人的忙，还是会对别人的恳求动恻隐之心，那个挥手让人“滚”的手势，我们练得烂熟，却始终没用上。

为什么我们在不断地打自己的脸？啪啪，啪啪，响彻天际。

因为我们控制力弱，既控制不了自己，又控制不了场面，最终还是控

制不了对别人的拒绝。

没错，拒绝是门技术活，玩得好不好，决定了我们拒绝的效果。所以，那些控制力强的人，总能说到做到，绝不在同一个地方摔倒两次，他们的执行力令人佩服得五体投地。

比如我的一个朋友椰子，有一次借东西给人家，对方说好半个月还，结果已经超期了几天却还是没有反应，椰子直接打电话让对方把东西寄还给她。下次，那个人再借什么，椰子断然拒绝，对方磨破嘴皮她也不为所动。

椰子小气吗？不，她的朋友常常从她那借东西，大到房子、车子，小到书籍、各类电子产品。前提是，必须按照约定的时间还给她，否则就再也别想从她那里借到一针一线了。

椰子的朋友都知道她的这个原则，大家都老老实实地遵守约定，几乎没有人会失约或讨价还价。

我问椰子：“怎么可以做得那么绝对？万一有时候人家有事来不及还，或者还没有用完无法还呢？”

椰子笃定地说：“没有万一。守约是每个成年人都应该遵守的游戏规则，如果有求于人的时候都做不到遵守诺言，其他情况下就更加肆无忌惮、信口开河了。既然我把自己的东西借出去冒险，我就有责任控制风险，我并不觉得这有任何问题，如果对方接受不了，他可以不必向我开口。”

好吧，我承认椰子这一招特别管用，而且她干脆利落的样子特别酷。

相比而言，另一位朋友小林子，则经常把自己弄得狼狈不堪。

小林子家境富裕，在湖边有栋别墅，大部分时间都闲置着。一帮同是富二代的朋友们看中小林子家的别墅，把那当成了派对的固定场所。

小林子跟别的富二代不一样，她并不热衷于醉生梦死的生活，每次等朋友们派对结束走人了，她才带着钟点工出来收拾残局。屋子里脏乱的场面连钟点工都嫌弃，每次她都要付双倍工钱给人家。

她跟我说，以后再也不让那帮人去她家鬼混了。这句话她说了好几年了，如今，他们家的别墅都声名远播了，越来越多的人知道那里常年有派对，经常有陌生人慕名而去。

我问她："你为什么不直接拒绝呢？"

她说："我也想啊，可是每次好不容易开口，就被几句话堵回来了，而且我也不想得罪他们，他们当中很多人家里跟我家有业务往来。"

好吧，富人的世界我不太懂。但我想在这个社会上，你要是意志薄弱、性格懦弱，不管你多有钱，都可能轻易受制于人。

所以，能不能有效拒绝人家，跟我们自己的地位、金钱没有关系，跟我们的执行力才大有关系。

到底怎样才能让自己的执行力升级呢？

第一，你得具备敢于拒绝的坚定信念，能够做到控制自己。

很多时候，人们说要拒绝别人，都是在一番抱怨之后的随口总结，自我安慰，或是为挽回一点儿面子，其实并没有认真地想过为什么应该拒绝，也没有下决心要拒绝到哪种程度。连自己的思维模式都没有改变，等到别人提出要求时，还能招架吗？当然还是会顺着以前的思维惯性，一口答应下来。事后吃亏了才抱怨，才想起要拒绝，说再狠的话，发再多的誓，也于事无补。

而那些总能有效拒绝别人的人，他们根本不需要放狠话、发毒誓，往往都是笑着就把人家给推出去了。为什么？因为他们拒绝的信念很坚定，坚定到即使不明说出来，那股意念也会通过他们的眼神、动作，甚至他们的头发丝散发出来。这叫不战而屈人之兵。

第二，你得掌握必要的拒绝技巧和艺术，有本事控制住场面。

有些人清楚地知道自己应该拒绝，却从不好好想想怎样拒绝。他们以为拒绝就是张口说“不”，等事到临头发现说“不”并不那么容易、有效的时候，就会沮丧地放弃，毕竟说“行”要简单很多。

其实，拒绝也是门技术活儿，没有人天生就会，不会的人也不意味着不可以学。我们生下来连筷子是什么都不知道，不也学会了用筷子吃饭?

那些一边笑容满面一边将人拒之门外的人，不是天生就情商高、气场强，而是他们私底下真的认真琢磨过怎样说话更有技巧、更有效果。

我曾经去过一个口才特别好的朋友家里，然后惊呆了。他家简直是个小型图书馆。其中特别引起我注意的，是一排演讲、说话技巧、心理学方面的书，几乎都快被翻烂了，我随手拿起一本翻看，里面有多处被做了标记，甚至还用一些比书里写得更好的句子去替换原话。我终于明白为什么他在任何场合、面对各种不同的人，总是能做到滔滔不绝又不令人反感了。

像我们这种说话连腹稿都不愿意打的人，就别再说自己会好好说话了。如果你从来都没学习过、练习过怎样拒绝别人，就别再抱怨拒绝很难了。任何事想要做好都不容易，所谓的天才，不过是比其他人更努力而已。

那些总是能成功拒绝别人的人，也只是他们清楚自己应该拒绝，然后去做了。这次没有做好，赶快转身默默学习，下次一定会做得更好。而你，像只千年老乌龟一样趴在那里，不断地重复“抱怨—下决心—忘记或放弃”这个模式，既控制不了自己，又控制不了别人，更控制不了场面，不过是眼巴巴地看着“不敢拒绝”“野火烧不尽，春风吹又生”罢了。

控制不了自己的人，就别谈控制人生了。

第二章

拒绝他人，绝对不是一个错误

1. 你所谓的与世无争，不能成为退让逃避的借口

导读语：对不公平的事保持沉默，会让人从隐忍到无声，终将有一天会失去基本的话语权，彻底沦为不公平的受害者。

“与世无争”被很多人奉为极富智慧的生存之道，不管有没有充分理解其真谛，先拿来标榜自己再说。毕竟，这个词看上去是那么飘逸出尘。

一个与世无争的人，理应受到人们的欣赏和尊敬，而且往往也的确比较受欢迎。因为一个号称与世无争的人，等于宣告自己放弃一切竞争和战斗，意味着对周围的人不存在竞争威胁，不再跟别人抢占资源，争夺机会，争名夺利，甚至无冲突、不置气，简直是社会的无公害类别。利他的存在，从来都是受大众欢迎的。

可惜，绝大部分人其实并不能真正做到与世无争，他们所谓的与世无争，不过是为自己的逃避、懦弱与退让找一个借口。说白了，就是任人宰割。所以，拿“与世无争”标榜自己的人，最后往往弄得自己狼狈不堪。

二十世纪七十年代出生的小Q，边远小城出来的普通人，上学时成绩不突出，也没什么特长，从一个普通高校毕业后，就被分配到了家乡的农技站工作。可是，再普通也抵挡不住他那颗自认是世外高人的心。冷门单位，冷门岗位，似乎正符合小Q与世无争的追求，他也乐得在单位混日子，一面还特别瞧不起那些为了“俗名俗利”挤破脑袋往前冲的人。

可是，社会本来就是个巨大的名利场，一个池塘里的鱼和蛙会抢饭，一个鱼缸里的两条鱼会争食，何况是国有单位，粥少僧多，关系网密布。

小Q到单位不久，发现领导每次都把既轻松又有甜头的工作分配给部门里的小S，听说他姑父是县里某局的科长。罢了，不跟小S争，俗气。后来，部门里来了个小C，是某局某位领导的小舅子，好事自然也不缺他的份。小Q心里有点不舒服，很快又安抚好了自己。算了，不与小C计较，掉份。再后来，一个叫小W的女孩要进小Q部门，这个清闲的部门本就人员严重超标，可是，小W是县委书记的远房亲戚啊！

领导找小Q谈话，先夸奖他工作认真，年轻有为，“一看就不是池中之鱼”。小Q洋洋得意，心想领导终于开眼了。领导领着小Q在迷魂阵里绕了半个小时，铺垫得差不多了，这才说到重点：“单位里看重你，准备培养你做储备干部，以后将前途无量。不过，按照先例，你得先去乡下锻炼两年。”

这下小Q傻眼了。他虽自大又平庸，到底不是傻子，知道领导给他挖了个坑。单位里以前有个同事，就是这样被调到偏远乡镇去的，现在大家连他的模样都忘了，真是“壮士一去兮不复还”啊！

小Q懦懦地问领导：“为什么不是小S、小C，而是我？我……我妈身体不好，需要人在身边照顾，我……我跟女朋友在准备结婚的事，也走不开。我……我能不能不去？”领导眼睛一瞪：“你这小子真是不识抬举，我说了看好你就是看好你嘛，你怎么还推三阻四的！”接着又换一副慈祥的面孔，语重心长地劝导：“年轻人啊，要抓住机会，千万别被儿女情长牵绊了手脚，有出息的人，都是不拘小节的！”

小Q心里还是一百个不情愿，可又不敢反抗，怕丢了饭碗呀，最后只能劝服自己接受领导的安排。他对自己的说辞堪称完美：罢了，世间太多纷扰，利益纷争不断，还是归隐田园，过与世无争、清清静静的日子吧！然后，带着一股悲伤又自豪的心情去了乡下农技站，在他心里，自己又一次选择了与世无争，这是多么高尚的情操，陶渊明也不过如此了吧！

再后来呢？小S、小C、小W，纷纷踏着其他人的脑袋平步青云。而说好的储备干部小Q呢？他再也没能回到单位，被人遗忘在乡下某个小小的下级单位里自生自灭。

小Q看起来是不是很眼熟？对，他就是某个群体的一个缩影，看似与世无争，其实一辈子都在当人家的垫脚石，成为社会竞争的淘汰者。

芸芸众生中，不知还有多少个小Q，打着“与世无争”的幌子，为自己的偷懒、逃避找借口，为自己的懦弱不争寻理由。不知多少人，一边为自己的“与世无争”沾沾自喜、自我感动，一边怨怨叨叨，埋怨“世界欠我一个公平”。

可是，归根结底，到底还是怨不着别人，怨不着世界。世界从不亏欠任何人，也不存在绝对的不公平，那些得不到上帝“青睐”的人，大都是自己不曾努力争取，主动放弃竞争，最后变得想竞争也没能力了。

真正与世无争的人有吗？有。比如主张清静无为的老子。但请注意，老子的“无为”指的是不刻意为之，而不是毫不作为，行尸走肉过一生。他主张的不与人争的修持，也并不是任人欺凌。还有陶渊明，倒真的是避世隐居，但前提是他打心底里追求那种田园之乐，并且在乡野里再也无人排挤他、践踏他，他才能飘逸地陶然自乐、与世无争。

我等凡夫俗子，既无老子和陶渊明的才气，也没有他们那淡然的心性，而是身陷名利场，在这个熙熙攘攘的世界里营生、挣扎，竞争有限的资源和机会，保护自己的利益和情感，拿什么来豁达淡然？与其脱离实际去追求超凡脱俗的姿态，不如踏踏实实地做一个不被社会淘汰的人，成不了圣人至少要活得不那么狼狈。

而那些始终不被社会淘汰的人，一定是具有以下几个特点的：

凡事自己做主。懂得自己的事自己做主的人，目标清晰，知道自己要什么、不要什么。在任何环境中，都会想办法把握主动权、决定权，从不被动接受别人的安排和调遣，即使迫于形势暂时妥协，也会尽快想办法扭转局面，扳回败局。

敢于反抗不公。不可否认，这个世界的确存在很多不公平，但公平和不公平都是相对的，而且，不公平更是会专挑软柿子捏。对不公平的事保持沉默，会让人从隐忍到无声，终有一天会失去基本的话语权，彻底沦为不公平的受害者。对不公平的事说“不”，是一个人应该为自己保留的基本权利，也是应有的勇气和胆识。

从不自我催眠。与世无争既是一种消极心态、鸵鸟行为，也是一种精神上的自我催眠。它让一个原本充满活力和奋斗精神的人，变得消极懒散，放弃努力，放弃追求，放弃抗争，靠着这种自我安慰、自我陶醉、自我麻木苟且度日，还自以为活得多么超凡脱俗，多么情操高洁。头脑清醒的人不来这套，更容不得别人来催眠自己、祸害自己。

这个世界到底不是温柔乡，横冲直撞会让我们头破血流，没必要犯那个傻。但，与世无争就安全了吗？清朝末期我们也很与世无争啊，最后不也没有维持桃花源的美梦，落得国破民哀、生灵涂炭？泱泱大国尚且如此，一介蚁民又怎么能避开伤害与侵袭，逃脱任人宰割的命运？

所以，还是醒醒吧！避免任人宰割的最好方法，莫过于仗剑走天下，遇到朋友呈好酒，碰见豺狼端猎枪。而到底要当朋友还是猎人，得由我们自己决定，别人说了不算。

2. 我有闲钱，但我不是你的提款机

导读：你的钱就是你的钱，愿意借给别人，那是情分；不愿意借，也是本分。

我以前有个关系不咸不淡的朋友，但我把她得罪了，而且我是故意的。

事情是这样的：当时我从学校毕业没多久，一个人在异地工作，收入不高，节衣缩食才有了微薄的存款，那是应急用的。一天，那位几年没联系的朋友突然打电话向我借钱。我心想她肯定也知道我的斤两，不会狮子大开口，就没急着拒绝，先问她要借多少。她张口就说：十万！我吓了一跳："我没那么多钱啊！"她倒是"爽快"，马上改口说："那把你手上的全借我，剩下的找你男朋友要去！"

我当时就有点生气，不过还是耐着性子告诉她，我还没跟男朋友结婚，我们财务独立，我无权支配他的财产。她完全不管我说了什么，滔滔不绝地说了一大堆，继续说服我："男朋友的就是你的，你可以做主，你能做主的钱，就可以都借给我……"我干脆装哑巴。最后，她很不高兴

地挂了电话。当然，挂电话之后她没忘记把卡号发给我，告诉我把钱打过去。既然答应了人家，也不好意思反悔，我就老老实实地给她打了一万块钱过去。

过了半个月，那位朋友又打电话来，问我发工资了没。这回我警惕了，急中生智说没有。她又问我什么时候发工资，我心一横说公司拖欠工资，不知道啥时候能发。她当然不会信，但也拿我没办法，只好叮嘱我发了工资再把钱都借给她，还是打到那张卡上。用她的话说就是“反正你的钱闲着也是闲着，存银行里也没什么用”！这回是我挂了电话。

凭什么呀！我吃你的喝你的欠你的了！我男朋友吃你的喝你的欠你的了！我未来的工资吃你的喝你的欠你的了！别说没钱了，就算是有钱，我也不是你的提款机！就冲你这毫无节制、贪得无厌的态度，我有钱也不借！什么叫“你的钱闲着也是闲着”！你家里闲着的东西多了去了，你怎么不都拿给我呢！

后来，我不但没再借给她钱，在要回我的钱后，还果断与她断绝了往来。

你们可能认为这是钱的事。我告诉你，这是钱的事，但也不仅仅是钱的事。真正让我生气的，不是她借钱的行为，而是她借钱的态度。

这世上，永远有这样一种人，认为世界是围着他们转的。他们有困难，别人就得帮忙；他们有需要，别人就得奉上；他们提要求，别人就得满足。作为他们的朋友、亲人、熟人，更应该随时做好准备，把自己的钱财备好，方便他们随要随取、随传随到。

对，在他们心中，别人就是他们的活期存款账户，只要他们开口，别人就得像提款机一样把钱堆在他们面前。并且，要多少完全取决于他们的需要，作为一个活期存款账户，是没有保留余额的资格的，除非账户已经清零了。

可是，我们凭什么去做别人的活期存款账户？我们兢兢业业地工作，辛辛苦苦地赚钱，一点一滴地存款，就是为了把钱借给那些只考虑自己、不体谅别人的人去投资、去消费、去改善生活？就是为了冒着钱财有去无回、讨债反遭怨怒的风险给别人提供用钱方便？

有些人可能会说："我也不想借啊，谁的钱没用处呢？"可是自己明明有钱却不借，总是产生愧疚感，与其这样还不如借了算了，换个问心无愧。

这又是一个奇怪的逻辑。

你对自己的财产拥有绝对的支配权，该怎么使用，是否外借，全由你做主，不会因为别人提出借款请求就丧失对自己财产的支配权，更不应该因为不外借就遭受道德绑架。简言之，是否借款给他人和道德品质没有必然联系。所以，你的身不由己，完全是自己给自己的误导，你的愧疚，完全来自错误的认知。

那么，对于借钱这件事，怎么做才是正解呢？

最简单的方法，一是看自己的财务状况，二是看对方的人品。

如果你的财务状况允许你在短期内借款给他人，对方提出的借款金额又在你的能力范围之内，出于助人为乐、与人为善的原则，当然是可以借的，毕竟能跟你开口借钱的一般都是关系比较好的亲戚或朋友，亲友有困难理应伸出援手，该有的人情味还是要有。

不过，假如你的财务状况使你无法满足对方的请求，也不必感到愧疚，更不必转而向你的家人或其他朋友去"拆东墙补西墙"，你只要大大方方地将实情告诉对方，诚恳地拒绝，正常人一般都能理解，也不会对你有意见。

而那些因此对你产生嫌隙的人，则多半是另一种人，这就涉及我要说的"看对方人品"了。

钱这个东西，在你手里的时候，是你的私有财产，一旦到了别人的手里，归属性就模糊起来。古今中外，因为借钱而发生的纠纷、恩怨，不用我再给你多讲了吧？

我们在考虑是否可以借钱给某个人的时候，一定要考量对方的人品和偿还能力。诚实守信的人，才值得我们帮助。言而无信、偷奸耍滑的人，即使看上去再可怜，也要狠下心来拒绝，除非你做好了“钱打水漂”的准备。另外，对于没有偿还能力的人，也要谨慎借钱，衡量一下你是否承受得起那份损失，再决定是否借款。

既然打算借钱了，不管是多要好的朋友，都要事先约定还款日期。到了约定日期如果对方没有主动还款，别不好意思，一定要去追债，这是对方必须遵守的原则。一旦原则被打破，你就真的陷入被动了。

记住，钱是你的，不管借还是不借，主动权都必须掌握在你自己手里，不能让别人牵着鼻子走，不能因为拒绝对方而感到愧疚、心虚。个人财产在法律上早已经受到保护了，在道德上也应当受到保护。

3. 帮助他人是一种美德，但不能毫无底线

导读：我的才能，不是为你准备的，请你别再企图占了便宜还卖乖！

一位IT男曾跟我吐槽，他已经完全丧失了个人时间，下班回家想看场球赛、看个电影都是奢侈。

我不信：“有那么夸张吗？你们老板是现代周扒皮，学人家夜半鸡叫？”

他苦笑：“要真是为了工作我就认了，至少说明我受器重，还能顺带赚点加班工资。问题是根本不是工作上的事。”

原来，IT男有一手好技术活儿，电脑方面的任何疑难杂症到了他手上，都能“手到病除”，他甚至会修手机。他钻研这些技术，一是为了工作，二是因为兴趣。可没想到他这点特长让他成了红人，所有认识他的人，但凡电脑、手机，还有其他的电子产品出了问题，甭管大问题还是小毛病，不论软件问题还是硬件问题，都直接扔给他。后来发展到，所有认识他的人的亲戚朋友同事们，都七弯八拐地找上他。于是，IT男隔三岔五

就要收到一台有问题的电子产品，等着他妙手回春。据说最高纪录是一天收到过三台电脑，五部手机，外加一副耳机。

本来他们这个行业就是公认的工作强度大，加班加点是家常便饭，好不容易逮着个能正常下班的日子，谁不想回家好好休息呢？可是不成，回家还得工作。谁的电脑送来好几天了，正催着要呢；谁的手机前天送来的，对方还等着跟女朋友视频聊天呢；谁一天问他三四回电脑什么时候修好，他都已经不好意思回答了……

时间长了，不但他累，他女朋友看着都累。他女朋友曾经突发奇想，建议他干脆开个私人修理店，来者一律收费。这样，他就可以白天正常上班，下班回家干私活，挣双份工资。他说看到女朋友说这个设想的时候两眼放光的样子，差点没忍住就投降了。幸好当时一丝理智尚存，摇了头。一是他不愿意一天花十六七个小时在工作上，兴趣是一回事，工作又是一回事，如果兴趣完全变成工作，最终可能毁了兴趣；二是他实在拉不下脸来跟亲戚朋友以及亲戚朋友的亲戚朋友收钱。

其实，后面才是重点。他既不好意思拒绝别人，又不好意思收修理费，结果找他的人越来越多，属于他自己的时间越来越少，正常生活受到严重干扰。

对于IT男的感受，我觉得自己很有发言权。

我不是会写点小文章嘛，于是，经常有人找我。

比如，有人评职称需要写论文了，就会马上想到我；有人单位征集文章，甚至写个工作总结、工作报告，也跑来跟我说“你帮我写吧，我忙死了，你反正不用上班，时间一大把”；还有的人更不客气，他老婆竞聘语文老师，让我帮忙写教案；他二姨的女儿要参加学校文学社，让我给指导指导作文；他三姑的儿子要参加演讲比赛，演讲稿就交给我了；他家那些拐弯抹角的亲戚，不论是谁生了孩子，大名小名都让我给取，还要求参照八字命理，同时充满诗意。

每每接到这类奇葩差事，我都哭笑不得。按理说，我有这个小小的特长，偶尔帮人家一下也不是多大的事，但是，实在架不住量的积累。试想，如果三天两头有人来找你写这个写那个，内容五花八门，要求形形色色，你的大脑俨然成了公共资源，关键你的手还得跟着受累，电脑上噼里啪啦敲一阵，手指累得抽筋，人家一句“谢了”了事，你高兴吗？万一再遇到个带着一副“我找你是看得起你”的架子来的人，一句“谢谢”没赚到，惹来一肚子火，还得附送一大堆谦虚之辞，外加“承蒙您看得起”，你作何感想？时间长了，我难免觉得烦和累。况且，我也并非真的赋闲在家、百无聊赖。我有自己的工作要做，在写作的持续阶段，我并不喜欢经常被打扰。

在这个世界上，每个人都有属于自己的才能。这些才能大都不是天生的，需要后天付出巨大的努力才能获得。为了获得它们，我们不知道看了多少书，费了多少劲，死了多少脑细胞，牺牲了多少时间，付出了多少汗水。当别人在逛街看电影的时候，我们可能正埋头码字；当别人在闲扯睡觉的时候，我们可能正俯首看书；当别人在品美食、晒旅游照的时候，我们可能正想问题想得脑回路抽筋。

然而，别人只看得到我们用才能迅速而专业地解决问题，看不到我们背后的努力和付出。

退一万步说，哪怕这才能是天生的，那也是为我们自己准备的，而不是为别人。

可惜，总有人企图只打个招呼、说声“谢谢”，就堂而皇之地免费利用别人的才能，自己坐收成果。这跟捡漏子有什么区别？唯一的区别就在于捡漏子是捡的，这个是自己拿的。

不得不说，这年头不花钱又可以得到好处的事情实在是太稀缺了，一旦出现，就成了抢手货，很多人觉得不狠狠利用几把总觉得亏得慌。于是，稍微有点儿一技之长又脸皮薄的人，就成了很多人的免费救急工具。

我不是不愿意帮助别人，只是不愿意当别人的“生活小百科”，拿自己的一技之长整天为别人解决这些鸡毛蒜皮的事情。最重要的是，我不愿意用自己引以为傲的才能去帮别人做他们不愿意做、不屑于做、懒得做的小事。人家的事，他自己都不肯费脑筋、花时间、出力气，想扔给我了事，我为什么要对这些人、这些事负责呢?

面对那些动不动就想利用我们的才能来为他们解决麻烦的人，那些我们不帮忙就说我们不讲人情、没有同情心、自私冷漠、自以为是的人，我觉得最有效的方式就是直接告诉对方：

如果你觉得自己很有人情味、很善良，那就请你考虑一下我的难处，别让我受累、给我添堵。

如果你觉得自己特别无私而高尚，那拜托你衡量一下我的时间成本，别占我这点儿小便宜，若你想让我付出劳动，不论我花了五分钟还是一个小时，动了一个手指头还是两个脑细胞，请你付费!

如果你认为自己谦虚而热情，那拜托你在我拒绝帮忙的时候，别那么武断地给我扣上“自以为是”的帽子，我真的只是懒得搭理你这种自私又懒惰的人罢了。

然后，我再请你牢牢地记住一点：我的才能不是为你准备的，请你别再企图占了便宜还卖乖!

4. 我的时间不是用来为你解决“举手之劳”的

导读：如果继续一味地消耗自己的生命去为别人添砖加瓦，等到老了，走到生命的尽头，你会发现自己的人生才是真正的一事无成。

有个好朋友，跟我住在同城。我们这个十八线小城最大的优点就是小，去哪儿都不超过半小时车程，不用避开车流高峰期，因为没有堵车这回事。可是，我跟他已经整整大半年没见面了！这还能算好朋友吗！说实话我私底下好几次决定跟他绝交了，可惜他没空出来跟我当面撕扯。不撕扯就绝交不是我的风格！

他真的有这么忙吗？当然，我随便举两个例子。请注意，是随便举的！

有一次，我跟他吃饭吃到一半，他接了个电话就匆匆忙忙地跑了，说有急事。我盯着他跑出去旋起的烟尘，心里那个恨啊！说好的他请客，他还没买单呢！

深夜了他才想起打电话跟我道歉，解释说晚饭那会儿一哥们儿打电话让他开车去隔壁城市的机场接他们两口子，他们刚从香港旅行回来。他开了一个小时高速赶过去，接到哥们儿的时候，两口子正吵架，他劝了这边拉那边，费了两个小时才把一对冤家都弄上车。回到城里，哥们儿心情不好，他又被拉去酒吧陪哥们儿借酒消愁。那天，他终于还是没能逃脱买单的命运。

还有一次，还是吃饭的时候，菜还没上齐他又突然一拍大腿说要走了，忘了个事要办。我拉着他死活不让走，连“你走了我们就绝交”这种阴险毒辣的话都说出来了。他看看我一脸认真的样子，终于上当了，又坐下来。没多久，他的电话响了。从他们的谈话中，我拼凑出事情的原委：老家的亲戚托他买一种药，问他买了没有，他说还没有，在跟朋友吃饭，吃完饭马上就去买。结果对方突然大发雷霆，大声谴责他说，你不去给我买药，还有时间吃饭，太不把我的生命当回事了，你这人怎么这样那样。他被骂得脸上红一阵绿一阵，我猜，亲戚一定把最难听的话都说出来了。

那时候正是晚饭时间，我很惊讶，这时候不吃饭还能干什么？抢这几分钟买到药也无法寄出去，快递都下班了。

由于遭受了一顿臭骂，朋友显然是食不下咽了，我的胃口也全被败坏，我们草草地结束了那顿晚餐。我很好奇他到底要买什么救命药，就顺路跟他一起去了药店。最后你猜怎么着？是保健品，保健品！我一下子怒火中烧，要抢过他电话打到他亲戚那里帮他讨公道。他拼死拦住我，说老家这些亲戚都这样，一个都得罪不起，不然他爸妈在家也难做人。

这话令人无奈。有些人的强大逻辑，不是我们这种讲道理的人能理解的。可是，他们却丛林密布地出现在我们的周围。我的好朋友，就这样被死死地围困在其中。对他来说，生活不止眼前的东奔西走，还有远方的焦头烂额。

时间在他这里，变成了一个诡异的存在。一方面，他感到自己的时间永远不够用，别说是娱乐与闲聊了，就是必须要处理的私事，他都是一拖再拖。我一个已婚妇女还能成为他的密友，不就是因为他没空谈恋爱吗？另一方面，他又总能想方设法地挤出时间，用来完成别人交待的事情，甭管是多小的事。

他变成了时间的奴隶，也变成了别人的奴隶。他把自己的事情放在“可做”清单里，却把别人的事情放在“紧急”列表里，逼迫自己延迟满足自己，也强制自己立即满足别人。他活得很忙碌，也活得很狼狈。

可我总觉得，可怜之人必有可恨之处。假如他不是对所有人都有求必应，总拿自己的时间去帮别人办事，他要轻松很多。

虽然生活中亲戚朋友之间难免需要互相帮助，可是有些事对别人来说是小事，对自己来说却是麻烦。

比如，开车去隔壁城市接哥们这件事，我觉得如果对方直接打车回来，就会简单很多。还有帮亲戚买药那件事，明明就是一件不急也急不来的事，亲戚不讲道理，觉得自己交代的事别人就该废寝忘食地办好。难道他就一定要接受这种霸王命令吗？而且怎么也不能这样唯唯诺诺地挨骂吧！

都说“一寸光阴一寸金”，不过，在这个世界上，总有人觉得他自己的光阴才是金子，别人的时间都是粪土。他们总能理所当然地占用别人的时间和精力来处理自己的鸡毛蒜皮之事，并且觉得，别人为他们做什么都是举手之劳，吹口气就能完成。在他们的大脑里，别人都是整天无所事事，专等着给他们解决“举手之劳”之事的。

而偏偏还有另外一种人，永远分不清什么事对自己来说才是最重要的，什么事是没必要花时间去做的。他们习惯了把自己的时间分割成碎片去处理别人的事情，看上去花在每个人身上的时间真的只是一点点，可是这些碎片时间累积起来，就是一个很可怕的数字。一个人除去上班和睡觉，又有多少时间属于自己呢？如果连仅剩的这点时间都不值得珍惜，那生命中还有什么值得珍惜的？

一味地把自己的时间支配给别人去消耗，不是浪费生命又是什么！一个人的生命，如果自己不珍惜，别人是不会珍惜的。并且，假如有人发现可以随意支配你的时间，就会有更多的人加入这个瓜分群体当中，把你榨得精疲力竭。

所以，聪明人永远自己掌控时间，依照自己的意志进行分配。张三有十万火急的事，张三自己为什么不去风驰电掣地去处理？李四有点小事相托，李四自己都不急不慌，凭什么让别人手忙脚乱？王麻子总在忙着赚钱、忙着升值，他有什么理由让别人为他白跑腿？

请相信我，不管多忙的人，没有你的“举手之劳”，他们也会挤出时间去处理自己该处理的事；不论多累的人，没有你的“举手之劳”，他们也会打起精神去完成自己该完成的使命。倒是你，如果继续一味地消耗自己的生命去为别人添砖加瓦，等到老了，走到生命的尽头，你会发现自己的人生才是真正的一事无成。你不可能拿任何人的人生来当作自己的成就。

到了上帝那里，当你质问上帝：“为什么对我这么不公平？别人都有所建树，唯我一事无成！”上帝也许会回答你：“我给了你和别人一样的时间，别人用来做自己的事，你却用来做别人的事，对你不公平的不是我，而是你自己。”

5. 拒绝亲兄弟，跟六亲不认是两码事

导读：有些人的仁慈和宽容，从来都只是针对外人。对待家人，只有毫不顾忌的伤害和毫无节制的榨取。假如世界上的亲人如此，我相信，大部分人情愿举目无亲。

我的闺蜜最近遇到了一件特别烦恼的事：她弟弟要在家乡的县城里买房子，跟她借钱，开口就是大数目。这笔钱她不是没有，但她不能借。她和老公刚看好一套房子，准备买下。在此之前，他们带着孩子跟公公婆婆挤在一个六七十平的两居室里好几年，眼见孩子要上小学，他们也好不容易攒够了钱，正好勉强付首付，买下那套学区房。这事她跟娘家人说过，所以他们都知道她有这笔钱。很显然，他们正是冲着这笔钱来的。她拒绝了弟弟，但感到很内疚。

第二天，她爸妈就打电话把她一阵数落，理由是弟弟的同学都在城里买了房子，如果弟弟不买，就会在别人面前抬不起头。而她只有这么一个弟弟，理所应当不遗余力地帮助他买房子。她自己的需求，应该排在弟弟的后面，这是作为姐姐应该做的。

她越听越委屈，但是心知不能妥协，只好不吭声。她的沉默激起了她妈的怒火，她妈直接甩给她一句特别伤人的话："亲兄弟你都不帮，真是嫁出去的女儿泼出去的水，现在都六亲不认了！"

她哭着跟我说这件事的时候，我都为她心疼，也气得牙痒。他父母偏心弟弟，我是知道的，又不是一天两天的事了。但说出这么无情无义的话，也实在令人匪夷所思。虽然说，手心手背的肉不完全一样，但总归都是肉吧？她呢，完全被视为肉瘤好吗！除了跟她要钱借钱的时候，没人记得她是家里的一块肉。她老公正是知道这一点，很为她不平，才不同意她总拿钱给她弟弟。可她呢，每次也都知道家里人的要求很过分，但就是不敢拒绝，为的就是怕她妈说她"六亲不认"。不过她妈最终还是说了，可见，这句话早就在她妈潜意识里了，说出来是迟早的事。

有些人就是这么是非不分，时不时地对别人进行道德绑架。而有些人又偏偏自己都分不清做得是对还是错，被别人一说，就真的以为自己十恶不赦、人神共愤。我的闺蜜很不幸恰好是后一种人，她的家人正是前一种人。

其实，我闺蜜并不是唯一一个爹不疼娘不爱的孩子，最多也只是其中一个。在中国的非独生子女家庭中，父母总会或多或少地偏爱某个子女，并利用家长的身份和权力，挟裹着其他子女向被偏爱的那个倾斜爱和利益。不被偏爱的那些子女，被父母要求无限制地帮助兄弟姐妹，被兄弟姐妹无节制地压榨，一旦出口拒绝，就会被他们扣上"六亲不认"的帽子，被压得喘不过气来。

有些人的仁慈和宽容，从来都只是针对外人，对待家人，只有毫无顾忌的伤害和毫无节制的榨取。他们的理由是：谁让你是我的亲人呢！

假如世界上的亲人都如此，我相信，大部分人情愿举目无亲。

拒绝亲兄弟，就是六亲不认，得多偏激的人才说得出这个话啊！如果这个逻辑成立，那么，世界上所有的人是不是都应该包庇犯罪的亲人？不然，就是六亲不认啊！如果亲人中有人犯了罪，那是不是所有的人都应该连坐？不然，就是六亲不认啊！还有，大家是不是得把自己赚的钱都掏出来给亲人共享？不然，就是六亲不认啊！

这些人的思维真的扭曲到这个地步了吗？为什么他们的这种要求只是针对别人，放到自己身上却又是另一种衡量标准呢？只有两个词可以解释：自私，耍赖。

人性原本就自私难除，再添上耍赖为虎作伥，简直是所向无敌。

而你居然还天真地以为牺牲自己来满足家人的需求，就是家庭“三好成员”，就会得到父母的偏爱。事实上，根本不会，你所有的牺牲只会被当作理所当然，你渴望得到的认同和肯定，也会像气泡般破灭。

家人的接受和认可总在引导你疲于奔命，而你永远都不可能完成这场取悦他人的马拉松。终有一天，你会变得连自己都不爱自己。

那面对自私耍赖的亲兄弟，我们怎么办？难道真的不要亲人了？要不，就只能缴械投降、有求必应了？当然不是。我觉得这个问题看起来两难，其实也没那么为难。

首先，你自己心里要明白，拒绝亲兄弟和六亲不认绝对不是一回事，你的家人也未必真那么认为。他们这样说，不是一时冲动，就是企图通过这种刻薄的话来给你施加道德和亲情上的压力，逼你乖乖听话。你就范了，他们就手到擒来了。所以，就算他们心里明白这样讲很过分，见你中招了、心虚了、愧疚了，他们也不会软化。相反，如果你认知清醒，理直气壮，坚信自己没有错，先妥协的可能是他们。毕竟，你的家人也不一定像我闺蜜的家人那样，只把她当赚钱工具。你害怕失去他们，其实他们也未必愿意失去你。当他们发现施压无效，就会无计可施。

下一步，在认知清醒的基础上掌握主动权，反过来对家人晓之以理、动之以情。话可以说委婉一点儿，但原则要坚持，让他们明白你就算再爱他们，也不会违背自己的原则去爱。他们如果爱你，就不应该对你提过分的要求，更不能用如此伤人的话来对你进行道德绑架。

如果爱意味着毫无原则的牺牲与伤害，这将是世界上最狭隘、最自私的一种情感。事实上，无论哪种情感，都不应该凌驾于理智和人性之上。

当然，冥顽不灵的人不是没有，他们总是不达目的不罢休，管你有理没理，他们就是天理。对于这种人，你就要更加冷静地想清楚了，有些事有了第一次就会有第二次，然后就是无数次，你真的要一直做出牺牲吗，真的能够忍受亲人动不动就拿“六亲不认”这根钢针来扎你吗，真的承受得住最亲的人一次又一次的肆意伤害吗？如果不能，那就穿上盔甲，让自己刀枪不入。

每一个人都是独立的个体，在是别人的子女、姐妹、兄弟之前，首先是自己。一个独立的个体，应该有独立的人格，有属于自己的人生，有自己的责任，不管是现在还是将来会有自己的家庭要经营，有自己的子女要养育，生活于你来说，并不那么容易。你的兄弟姐妹也跟你一样，有自己的人生和责任。每个人的人生都需要自己去经营，每个人的责任都需要自己去承担，不能推卸给别人，更不能利用手足之间的血缘和感情绑架别人，让别人牺牲利益来成全自己。

人人都有享受美好生活的权利，不能因为是我们的手足，就要让给他们优先享受。毕竟，手足之情不等于共生关系，更不是寄生关系，谁也没权利当别人的寄生虫，谁也没义务做别人的寄主。

6. 当你被逼问工资，为什么感到尴尬的反而是你

导读：那些不知礼貌和教养为何物的人，根本不需要被礼貌对待，因为他们不懂，更因为他们不配。

你有没有过被追问工资的经历？

我有过。那是比追问更高的级别——打破砂锅式的逼问。

对方是我以前的同事，姑且叫她赵大妈吧！虽然她才三十多岁，却有一颗不输小区大妈的八卦心。当时我们一起在公司的展销会上，偶遇了我老公的一位同事。大家正闲聊，赵大妈突然问我老公的同事："她老公工资多少？"

一瞬间，我老公的同事和我都愣住了，连空气都不好意思流动。谁也没料到她突然问这种问题，都是受过高等教育的人，不至于这么丢人现眼吧？当时旁边还有我的其他同事，大家装作继续工作，耳朵却悄悄竖了起来。八卦绝对是人类的共性！

我老公的同事尴尬地笑了笑，看看我又看看赵大妈，像是在一个十分正式的饭局上误吃了讨厌的食物——明明很恶心，还得忍着不吐。我的脸

色也自然不到哪里去，觉得很不好意思，为赵大妈，也为她的问题，更为我无法回答她的问题。

我以为赵大妈也会被这尴尬的气氛感染，放弃追问答案。可是，她完全屏蔽了我们的脸色，不依不饶地缠着我老公的同事追问了好几遍，最后逼得那位优雅的女士随口说了一个数字后落荒而逃。

赵大妈终于得到了答案，一脸的满足和得意。很显然，她认为她赢了，双重意义上的赢。

在此之前，她已经在不同场合问过我好几次同样的问题，我每次都很不好意思地回避了。老公的工资不是什么重要机密，但属于个人隐私，我不是个热衷于暴露个人隐私的人。何况，“拼老公”的意图明显地摆在她脸上，我不认为自己有必要去满足对方的攀比心理。

后来，她逢人便说，谁（我的名字）的老公收入也不过如此嘛，她有什么好拽的，整天一副清高得不得了的样子。

我听了，不生气反而笑了。我笑的是自己。对于这样一个肤浅的人，对于这样一种既幼稚又没素质的提问，我之前居都是自己先感到不好意思，难道还不够荒诞吗？

然后我开始深思，我为什么会感到不好意思。其实，无非是觉得被问到隐私，自己不想说，而不回答又显得不礼貌、没教养。

“有问必答，知无不言”，不是从幼儿园开始父母和老师就教我们的吗？可惜我们太天真，以为世界上所有的问题都是充满善意的，所以只教了我们应该诚恳地、诚实地回答别人的提问，却没有传授我们怎样回避别人的提问，更没有告诉我们在遇到自己不想回答、不能回答的问题时，应该怎样处理。当然，父母和老师在教育我们要有礼貌、有教养的时候，也并没有提醒我们，对那些不知礼貌和教养为何物的人，根本不需要礼貌对待，因为他们不懂，更因为他们不配。

所以在遇到这类事情时，往往是脸皮薄、有素质的一方先觉得尴尬，脸皮厚、没素质的一方反而全然不觉自己正在丢脸。

这样看来，还是厚脸皮的人活得比较痛快啊！

这件事给我的最大改变就是，从此以后，被问及收入、财产以及其他隐私问题时，在我不愿意回答的情况下，我都能够做到坦然地拒绝回答，没有不好意思，无须躲躲闪闪。我想，拒绝谈论隐私，也是一种教养。

当然，肯定还有很多人没有从这件事中解脱出来。

比如，过年回老家，难免被七大姑八大姨甚至是老同学的父母及自己的老师问到收入问题，这些人既不能随便得罪，又不是随便打个哈哈对付过去的，更是不能如实回答的。你一旦回答了，后面的事就更复杂了，要知道并不是每个打听你收入的人都是关心你，他们关心的，可能仅仅是你有几斤几两，有没有像你妈说得那么厉害，有没有超过他们的子女，等等。

收入高的处境尚好，顶多被人说成自以为是，或“走了狗屎运”，不会有太多麻烦。假如收入低，那就比较悲惨了，轻视、鄙夷、同情、哀叹等目光，可能会毫不掩饰地投向你，令人十分难堪。

所以，“被问到工资时该怎么办”这个问题，还是值得我们好好研究的。我理智地思考了一番，觉得有这几个可行的对付方法：

第一，咬死不说实话。

无论收入高低，都没必要告诉那些不太相干的人，你的月薪到底是三千还是三万，对别人来说都只是一个粗暴衡量你的参数，不具有实际意义。无论你回答哪个数字，都可能引发前面提到的两个极端反应。对于这种无法核实的问题，不需要太较真，只需要想一个相对安全折中的数字应付就好。

第二，打哈哈打到底。

如果实在不想回答，又不愿意得罪对方，那就只好打哈哈了，可以通过装傻充愣，或转移话题等方式回避问题。

第三，被逼急了就酌情反击。

酌情的意思就是，根据对方的态度来决定反击的态度。例如：

对方态度尚且礼貌，那就礼貌地说："这个问题好像是隐私呢，你真的想知道吗？"对方一听就懂了，会立即红脸、闭嘴，运气好的话，你可能还会收到一句道歉的话哦！

对方态度不礼貌，不妨直接一点："这是我的隐私，我不想谈论。"这种回答看起来情商不够高，但效果比较明显，不给对方商量的余地，以后想到类似的问题他都会自动吞回肚子里。

而对方那些处于前两者之间的，可以先不回答对方的问题，而是反问他同样的问题。相信我，没人喜欢谈论自己的收入。如果不幸遇上那种对自己的隐私问题暴露无遗的人，请参看第一条。

瞧瞧，有些问题其实并不难，难的是你总因为不好意思而逃避。

7.“能者多劳”不过是皇帝的新装

导读：在真正的能者面前，根本不存在合情合理合法的“能者多劳”，只有不敢拒绝的“伪能者”，才企图通过“多劳”来证明自己是“能者”。

这世间有能人，也有无能的人；有勤劳的人，也有懒惰的人。于是，有了“能者多劳”这种说法。

这个词既反映出一种现象，即有能力的人总是比无能的人干得更多；也揭示出其中缘由，那就是勤劳的人老老实实地干活，懒惰的人想方设法地偷懒。

有时候，无能的人是真无能，很多事只能依靠有能力的人来完成；有时候，无能不过是懒惰者将事情推给勤奋者的一个借口。

我认识一个叫小荔的姑娘，在一家广告公司上班，跟她搭档的是一位名叫莎莎的同事。

小荔是那种做事风风火火的人，从不拖延，总是强迫自己尽早地完成工作，熬夜加班，折腾出两个“熊猫眼”也在所不惜。悲剧的是，她的搭档莎莎是能拖则拖，天大的事都敢风轻云淡地拖延。小荔跟莎莎平级，催不能催，说不能说，只好眼巴巴地等着莎莎慢吞吞把活儿做出来，还是漏洞百出的“成果”。

为莎莎“擦屁股”，几乎成了小荔的日常工作，这都还不是最糟心的。更糟的情况是，莎莎到了时间却交不出活儿，为了不挨主管骂，她每次都拜托小荔帮她完成。她拜托的方式，有时候是软磨硬泡，有时候是“你不帮我那就等着跟我一起挨骂吧”。

小荔不想挨骂，也不想得罪莎莎，于是渐渐成了莎莎的工作保姆。

她跟我说起这事的时候，我问她：“当别人的工作保姆，你不累吗？”

她说：“累啊，可是，我能怎么办呢？活儿就摆在那里，总得有人做，她做不好，只能我来做了，不然难道等着挨骂？再说，我也不想让主管觉得我办事不力。”

小荔的话，听起来很有道理，也显得她很有担当，好像应该表扬。但是，我扔给她的结论是：“你的累都是自找的，累死活该！”

她惊呆了，无辜又委屈地看着我：“为什么？难道同事之间不应该互相帮助，不要斤斤计较吗？”

我说：“互相帮助当然是应该的，但是在你和莎莎之间，我只看得到帮助，却看不到互相。你难道没发现，一直是你在单方面帮她？哦不，确切地说是你在替她完成她的工作。你上司在招你进公司的时候，跟你说过不但要完成自己的工作，还要完成别人的吗？你公司对你的考核标准，是必须完成别人的工作吗？”

她说：“当然不是。”

“那就对了啊，有些工作本来就不属于你，你没有义务去完成，偏偏要揽到自己手上，不是累死活该又是什么？”

小荔歪着脑袋想了好一会儿，好像有所悟，又好像没完全明白。

我知道她在想什么。她一定有满肚子的疑问：不是说要有合作精神吗？不是说要把团队利益放在首位吗？不是说能者多劳吗？

我还知道，她不拒绝莎莎，并不是她心甘情愿帮她，如果是，她就不会找我吐槽了。她不拒绝，真正的原因是她觉得：作为同事，于情方面，不帮莎莎说不过去；于理方面，莎莎耽误了工作她也有责任，她的业绩也会受到影响；于职场人际方面，她不愿意跟莎莎把关系搞坏，想努力维持所谓的职场友谊，想成为上司心中那个懂得“团结协作”又能干的下属。

我好像看见无数个小荔在点头了。

可是啊，小荔们，你们这次又错了！知道吗，你们把工作职责和合作精神这两个概念一起混在糨糊里，把自己也弄得混乱了。

在同一个职场生态群里，每一个人都有自己专属的工作职责，即使是相同岗位上的两个人，也是各有各的职责，如果人人都把自己职责范围内的事推给别人，职场生态的平衡就会被打破。

既然是自己专属的职责，就应该由自己来完成，别人没有非帮不可的义务。所以，莎莎们拿着自己的工资，却想把自己的活儿扔给别人去干，这在本质上就是一种违背职场道德的想法。偏偏还有不好意思拒绝的小荔们，前仆后继地当着别人的职场保姆，对自己一人包揽两人的活儿而沾沾自喜，我只能说：一个愿打，一个愿挨。

当然，也有聪明的人这时候已经醒悟过来了，正在思考着对策：我不愿挨，该怎么办呢？

其实，问题正是从思考对策开始变得简单。

所谓的能者多劳，不过是一些人企图证明自己能干，另一些人则正好落个轻松，干脆把活儿丢给他们去干。不想成为职场上的负重者，最简单的方法就是别总是企图证明自己很能干。一个人的能干，不需要通过当

“保姆”体现出来。相反，一个能干的人从不任意听从或答应别人的无理要求，他们非常有主见，知道什么是自己应该干的、什么是可以不干的、什么是绝对不能干的。

所以，在别人企图把自己的工作推卸给他们的时候，真正的能者一般是这样做的：

于情而言，能者不会接受自己不情愿做而又正好可以不做的事。

在职场中，这类人始终把情分和本分分得很清楚，他们会主动积极地完成自己的分内之事，遵守职业道德，做一个专业的职场人。但对于非分内之事，他们绝不会认为自己“应该”帮别人完成，也不会出于所谓的“情分”就不好意思拒绝而勉强接受。他们时刻记得：帮你是情分，不帮是本分。本分不容推辞，情分却不是非做不可的。

于理而言，能者相信并坚守职场上正确的游戏规则。

做自己的事，对自己的工作负责，这是每个进入职场的人都应该遵守的游戏规则，一旦随意打破，势必会引起职场生态的恶化。这个道理，能者明白，英明的管理者更明白。所以平庸的管理者可能会放任下属“吃大锅饭”，责权不分明。但一个英明的管理者绝对不会纵容任何一个下属偷奸耍滑，破坏整个职场的生态环境。相反，他们可能会对那些总是帮助别人完成工作的下属持否定态度。毕竟，不拒绝就意味着对他人的纵容，职场管理者不需要一个纵容他人的下属、破坏公司规矩的员工。

对这一点的认识，能者要比一般人清楚得多，所以他们绝不会随意承担属于别人的职责，使自己背负过重的负担。

于人际关系而言，能者从不通过讨好来维持所谓的好人缘。

在能者的世界里，好人缘是锦上之花，而非雪中之碳。他们有能力自己备碳，他们的碳是自己在职场中的核心竞争力，而不是作为花边的好人缘。由于他们在职场中的工作和晋升不需要依靠好人缘来完成，他们也就不会把处理人际关系看成比工作本身还重要的东西，这样一来，反而在人际关系方面更自由、更独立、更主动了。人际关系，从来就不是让他们束手束脚的因素。

瞧，在真正的能者面前，根本不存在合情合理合法的“能者多劳”，只有不敢拒绝的“伪能者”，才企图通过“多劳”来证明自己是“能者”。

第三章

追求“完美主义”，只会让自己窒息

1. 打肿脸你也不是胖子，顶多是个傻子

导读：是不是“胖子”不重要，幸福才重要。

半夜，闺蜜来敲我家门，提着巨大的行李箱，带着满脸的泪痕。

我的睡意瞬间被惊飞：“怎么了？发生什么事了？你家大强呢？”

闺蜜一听“大强”两个字，张开嘴就号啕大哭。我赶紧把她拉进屋。

费了半盒的纸巾闺蜜才止住哭声，她说，这次是离家出走而罪魁祸首正是她老公大强。

这下我反而更不解了，平时闺蜜时常把老公挂在嘴上夸，今天到底是因为什么事惹得闺蜜要跟他离婚？

原来，大强对人特别好，就是太博爱了。他不仅对老婆好，对家人好，对七大姑八大姨、朋友、同事好，甚至对邻居、点头之交都很好。谁遇到需要帮忙的事，只要跟他说一声，他二话不说就答应；谁缺钱了，一个电话告诉他金额和账号，他会以最快的速度给人把钱打过去，也从不催对方还钱。总之，甭管大事、小事，大家根本不用考虑，直接就说：“找大强去，他保准能解决！”大强也从不让朋友们失望，每次都竭尽所能地

帮朋友解决问题。所以大家都夸大强“仗义”“痛快”“够意思”“活雷锋”，大强被夸得浑身是劲，恨不得把整个家打包送人。

但是，作为家里女主人的我闺蜜就不干了——“你把家都送出去了，那我呢？我是被你一块打包送出去，还是留下给你收拾残渣？你把实际利益都给了别人，唯独留给我一堆既不能当饭吃又不能当衣穿的‘谢谢’‘仗义’‘活雷锋’，我还怎么过日子？”

在屡次抗议无效后，我闺蜜终于爆发：“我不跟你过了，你爱送啥送啥，你爱帮谁就跟谁过去！”

我在安抚闺蜜睡下后，赶紧悄悄给大强通风报信。就在刚才，我的电话都快被他打爆了，闺蜜拿“立马走人”来要挟我不许接电话，我也只好假装没听见电话响。与大强已认识多年，我知道他的为人，这才没有“帮亲不帮理”。

可是仔细想想，我闺蜜也并非无理取闹，站在她的角度来看，大强的做法的确让人接受不了。客观地说，他是个好人，可他也是个“坏人”。

为什么这么说？因为他是在牺牲家庭的利益去帮助别人，受损失的不仅仅是他自己，还有我的闺蜜，毕竟，夫妻是经济共同体。如果说他自己的损失是出于他自愿的，那我闺蜜的损失则是被他绑架的。对我闺蜜来说，他擅自牺牲和损害她的利益，他就是“坏人”。

你可能会问：“既然大强那么爱他老婆，为什么又要损害她的利益呢？爱一个人，难道不是应该誓死维护她的利益吗？”

答案很简单啊，大强在打肿脸充胖子。

什么是打肿脸充胖子？简言之，就是损害自己的利益，去换取一个虚幻的好处，这个好处包括名声、赞美、感谢，以及由此带来的自我满足感。

比如大强，他通过损害自己及家庭的利益，去换取一句好听的“谢谢”，换取“仗义”“活雷锋”的虚名，换取“有能力”“有钱”“有办法”的虚假光环。虽然他也知道自己付出的代价是什么，和自己损失的实际利益比起来，这些好处既虚幻又微不足道。但他实在太享受“当胖子”的漂浮感了，顾不上计较，只能顺着别人给他架起来的梯子一步步往上走。

不过，你可别以为大强的行为完全是从别人的角度考虑问题，做的任何事都是为了成全别人的利益。恰恰相反，他的行为背后，完全是出于自我的心理需求。

在内心，大强是一个自我要求完美的人。他希望自己在别人心目中是个侠肝义胆、无所不能的“大侠”形象，能随时救人于水火。他不允许自己拒绝他人，其实就是不允许自己表现出对某件事“无能为力”，对某个人“爱莫能助”，他绝不承认自己是傻瓜，是无能者，是“不仗义”的人。为此，就算倾其所有，他也在所不惜。

漂浮着的人又怎么知道云端的危险呢？只有站在地面的人，才看得到事物的本质。比如我的闺蜜，就看出大强不是真的胖子，而是一个傻子。这个傻子为了虚名，为了成就自己的完美形象，将自己弄得疲惫不堪，并连带着身边的人也被拖累得不堪重负，也难怪老婆都受不了要离家出走。

当然，后来我的闺蜜并没有跟大强离婚，他们妥协了。不过，妥协的人不是我闺蜜，而是大强。老婆离家出走后，大强才意识到自己充胖子的行为对家人的伤害有多大，他彻底反省了一番，发现这些年来他没有对不起任何人，唯独对不起他最心爱的人。

他们没有任何存款，因为钱都借给了亲戚朋友；他家的东西总是莫名其妙地消失不见，因为朋友借走了就有去无回；他很少陪老婆逛街、看电影，因为节假日总是在帮别人的忙；他每次想帮老婆分担家务的时候，被一个个电话叫去救急；他出差给老婆带的礼物，被同事拿去哄老婆了……

他一直以为他对老婆很好，现在才发现，他对老婆的好跟对别人的好比起来，太少，太粗略。他的时间和精力甚至金钱，被太多人瓜分，分到老婆手上的，已经少得可怜。这又算什么好呢?

他在所有人面前充了“胖子”，唯有在最亲近的人面前，“瘦”得只剩下疲惫。现在，他终于发现自己根本不是“胖子”，而是一个傻子，把最重要的东西给了太多不重要的人，却忽略了最重要的人。所以，他决定从现在开始做一个不那么“仗义”、不那么“无私”、不那么“能干”的人，不再做“博爱”的、“完美”的人。毕竟，是不是“胖子”不重要，幸福才重要。

如果你还在打肿脸充胖子，希望大强的故事能给你一些启示。

2. 学会示弱，展示真实的自己

导读：当坚强的外衣滑落，当逞强的本质暴露，我们看到的往往是比常人更严重的伤痕累累。

这几年，突然满世界流行起“女汉子”这个词。用“满世界”这个词一点儿也不夸张。朋友圈，QQ签名，口头禅，不分线上线下，女性们纷纷举起小胳膊宣称自己是“女汉子”，仿佛这是一个莫大的荣誉。

然而，请原谅我不入主流，我从来不觉得当一个“女汉子”，收起柔弱，强掩胆怯，活得骁勇，有什么值得骄傲和炫耀的。女性之所以别具魅力，很大程度上不就是因为柔软、脆弱、胆小、需要保护吗？你都能自己赤手空拳打老虎了，还要男人干什么？站在旁边给你加油助威吗？还是冷眼旁观？或是躲在你身后接受你的保护？

如果真的能够做到坚强、勇敢、独立，倒也还好，毕竟女人也不是非要依靠男人保护不可。问题是，真正的“女汉子”其实少之又少，大部分的“女汉子”都是自称的、自封的、自以为的，她们所表现出来的坚强也不是真的坚强，只是逞强。

上大学的时候，我有一位室友，虽然个子矮小瘦弱、五官单薄，但做事风风火火、干脆利落，非常有主见，因此被整个宿舍奉为大姐。

早在我们刚进大学的时候，对面宿舍的大三女生仗着比我们早进大学两年，经常变着法子欺负我们。比如，擅自用掉我们放在门口的开水，还轻眉淡眼地说：“是我们用了，你们再去打呗！”借了我们的东西不还，我们好不容易决定厚着脸皮去要，却被一句话堵回来：“我们还在用呢，过段时间还你！”还有一次，有位女生来借饭卡，我们学乖了，异口同声说饭卡在教室里。对方不肯罢休，站在宿舍中间骂骂咧咧，说我们这些丫头片子不懂得尊重师姐。她正骂得起劲，一只饭碗突然向她飞过去，不偏不倚正打在额头上。我们都忍不住“嗞”地吸了一口气，那个女生也被震傻了。接下来的事情更让我们惊呆了：大姐一个箭步上前，拽着女生的头发把她给轰了出去，对方连还手的机会都没有。对面宿舍也不过是一群外强中干的丫头，被我们大姐这一吼，居然再也不敢滋事，我们从此过上了安宁的日子。

不过，大姐并不是对谁都那么凶悍，相反的，她平时总是很照顾我们，包括我们的生活、学习、情绪，甚至感情。大姐的成绩很好，年年稳居年级第一。

可是，就是这样一位优秀又坚强的女生，有一天晚上突然喝得烂醉，倒在我怀里哭成了泪人。大姐边哭边说自己很累，从小被生活所迫，帮妈妈做各种活儿，遇到有人欺负她们，还得冲出去跟人吵架。她很懂事，从不跟妈妈提任何要求，因为妈妈一个人养她不容易。好不容易考上大学，学费是借的，生活费一分钱不能乱花，还得勤工俭学攒下个学期的学费。这也就算了，她都能承受，可是，男朋友居然也认为她从来不需要任何关心和帮助，说她缺乏女孩应有的温柔，跟她在一起就像跟哥们儿在一起一样。

我终于知道“金刚女战士”是怎样炼成的了，原来，背后是生活强加给她的千锤百炼。

生活过早地给予她沉重的担子，而她又对自己做出了过于严苛和完美的要求。小小年纪，她就不允许自己示弱，哪怕是一点点不坚强的表现。她觉得示弱就意味着自己没用，意味着被困难打倒了，这让她感到羞耻和自责。她努力做到能干、强悍、懂事，拿“穷人的孩子早当家”来要求和鞭策自己。再多的疲惫、脆弱，她都和着眼泪默默吞下，拼尽全力扛起一切。渐渐地，她真的变得越来越坚强，总是照顾别人，总是表现出自己能搞定一切的样子，总是活得像一个“金刚女战士”。

可她忘了，穷人的孩子也终究还是孩子。世界上所有的孩子，都应该有脆弱、不懂事、不能干的权利，除了她自己，没人会过度苛求她。

如果不是她那次酒后吐真言，可能所有人都不会知道“金刚女战士”的外表下藏着一颗既疲惫又伤痛的心。当坚强的外衣滑落，当逞强的本质暴露，我们看到的，往往是比常人更严重的伤痕累累。

所以，我们平时所看到的“女汉子”，往往并不是真的独立强悍得像男人，她们也许只是借“汉子”这个看似坚硬的壳，来躲藏自己比常人更加软弱和恐惧的心。

如果你也是这样一个“女汉子”，我想温柔地对你说：

你真的不需要把自己绷得像一根钢筋，永远屹立不倒的样子。天就算塌了，也会有更高更强的人来顶天立地。

你也没必要往身上浇上混凝土，把自己铸造成坚固的碉堡。人是肉体凡胎，有七情六欲，会受伤的人更有温度，也更容易让人亲近和爱护。

生活或许真的充满苦难和凶险，但你不是独自战斗，你可以有战友的啊！你要学会的，仅仅是给别人机会来帮你阻挡枪林弹雨。

还有，你根本没必要为自己的软弱感到羞愧。疲惫和脆弱是人的正常感受，不是缺点，更没什么好羞愧的。而且，软弱不代表不堪一击，坚强的人也不意味着从来不软弱，相反，偶尔的软弱是为了更坚强。没人可以无坚不摧，真正坚强的人，不是不流泪，只是会在流泪之后擦干眼泪。

你不是英雄，甚至不需要做自己的英雄，一个普通人才会有英雄前来拯救。那些从来不懂得示弱的人，会被自动视为没有“弱”。没有弱，自然就不需要同情，不需要怜惜，不需要帮助。你无须做这样疲惫而孤独的人。

那些还在逞强的人，试着依靠别人的肩膀吧，就像你从来不拒绝别人的依靠！那些从来不流泪的人，试着哭泣吧，就当你从不曾穿上盔甲！当你学会了示弱，也许会发现，你已经在不知不觉中拥有了真正的坚强，而不是逞强。

3. 你的善良，需要有点锋芒

导读：不由自主地牺牲自己，竭尽全力地满足他人，不会真的让你成为一个“好人”，只会让你成为别人的工具。

我们总是被告知，“善有善报，恶有恶报”。于是，善良成为人类品德里的最高标准。

这原本是件好事。如果大家都自觉为善，人与人之间将会简单很多，世界也会和谐安宁很多。可惜，人性里总是善恶并存，有时候你会发现：善良寸步难行，邪恶横行霸道。在现实中，一个人的好心好意是很容易被人利用的。你想与人为善，有人就趁机利用你的善意和善举，来为他自己谋私利。可恶的是，这些利用你的人，往往并非大奸大恶之人，也不是个别存在，让你防不胜防，哑巴吃黄连。

我的发小小薇，差不多是我见过的最善良的姑娘了。她善良到什么程度呢？几乎可以用“走火入魔”来形容。

早在我们处于“上房揭瓦，下河摸鱼”的熊孩子阶段，只要我们抓住什么小动物来“研究”，她就一定会拼了小命地去阻止，为此奉献出了不少眼泪。最后我们每次都乖乖地放了那些小动物，不是我们良心发现，而是小薇不哭到我们投降绝不罢休。

长大后，小薇的善良愈演愈烈，流浪的小猫小狗捡了一屋子，她一一精心照顾。她对动物如此，对待人则更加善良，处处与人为善，事事为他人着想。然后，她毫无悬念地成为这样一种人：

每逢加班值班的差事，同事们都约定俗成地扔给了她，只要随便编个理由引起她的同情心就好。以她同情心泛滥的程度，基本上什么理由都可以蒙混过关。

找她借钱也十分简单，如果实在懒得编理由，就说没钱吃饭了，她保准把口袋里的钱全掏出来，还问够不够。在她眼里，黄世仁都是可怜的。

后来发展到借物、借屋、借男朋友，通通毫无障碍。如果她稍有犹豫，对方只要说一句“你是好人啦，我知道你最好了”，她就会瞬间丧失抵抗力，乖乖地服从对方的意志。

终于有一天，小薇红着眼睛说她再也不想做“好人”了，这句话让我惊呆了。要知道，做好人对小薇来说，是一件特别重要的事。小薇身上到底发生了什么事呢？

原来，小薇刚刚受到了来自他人的伤害，使她不由得对“做好人”这件事产生了质疑。那天，她突然接到爸爸的电话，被告知妈妈生病住院了。小薇心急火燎地买了火车票往家赶，路上想起来不久前把存款借给了同事，手上没什么钱。她只好硬着头皮给同事打电话说明情况，让对方先还她一部分。第一次催人还钱，小薇又忐忑又羞愧。谁知对方先变了脸，语气里夹枪带棒：“怎么，怕我不还你？这就催上了，我才借了多久呀！你倒是白做了回好人！”小薇又急又气，红着脸又解释了几句，同事继续不分青红皂白地把小薇一顿冷嘲热讽，然后还铿锵有力地摁了电话。小薇只好强忍着委屈和难受，找闺蜜借了一笔钱救急。

回到公司后，不仅借钱的同事不搭理她，其他同事也都对她很冷淡。小薇偷偷问人，才知道她不在的这几天，办公室里对她进行了集体“口诛”。她特别难过。平时，她对大家一直都是有求必应，她以为自己对大家好，大家也会对她好，却完全没想到，一件小事就让大家对她翻脸。难道，真的是她错得离谱吗？

我告诉小薇，她的确是错得离谱，但不是在催人还钱这件事上，而是在她的善良上。

小薇瞪大眼睛看着我：“善良也有错？”

善良本身当然没有错。心地善良，应该是每个人都应该坚守的良知。

但是，如果善良的方式和善良的对象不对，就是一种错误，会把好事变成坏事，会让自己难以做人。而且，不加区别地对人善良，任由别人利用，那不是伟大，而是傻。

比如说小薇，她不管对人还是对待动物都心怀怜悯，这本身是很好的一种品质。然而，她太想做善良的人了，以至于不区分对象，不论面对谁，无论遇到什么事，她都觉得自己应该拿出百分之百的善意，否则，她就是“不善良”。为此，她从来不拒绝别人，不由自主地为别人牺牲，有时候明知被人利用，却也默默忍受。

由于她一直善意对待别人，所以在她的世界里，别人也一定会那样对待她。直到现实生活给了她重重一击，她才发现，她所幻想的善意世界完全不是那样的。还钱事件看起来是一个偶然，其实是必然。当小薇的善良变得毫无原则的时候，等待她的只有这样的结果。所以我才说完全是她自己的错。

正如一个从来没有防备的人，遭受到突如其来的伤害，往往会伤得更重。一个过度善良的人，在面对不善的时候，会特别无法理解和接受。所以对我们来说也许是很正常的一件事，却可以让小薇的价值观破碎。

可是我觉得，即使是价值观破碎，也比她继续陷在善良的桎梏里，生活被打扰，心理被困扰，要好得多。

所以，我并没有帮着小薇“口诛”她的同事，而是告诉她：

当务之急，是从内心甩掉做好人的想法，不要苛求自己时刻保持善良。

一个人越是认定自己应该当好人，他离一个真实的人就越远，因为没有人可以成为完美的、完全利他的人。哪怕是机器人，也需要充电和保养，它充电时消耗的能量，它保养时消耗的产品，就不是利他的。而一个人越不能做真实的自己，就会越发的自我怀疑、不安、畏惧，以至于无法做一个正常人。

接下来，就到了该说“不”的时候了：停止牺牲，拒绝被利用。

一个善良的人，并不等于是烂好人，不需要什么事都为别人着想。不由自主地牺牲自己，竭尽全力地满足他人，不会真的让你成为一个“好人”，只会让你成为别人的工具。要知道，索取的结果并不一定是回报，很可能是进一步索取。而且结果多半是后者。长期对一个人好，就会被当成理所当然，人们对于理所当然的事，从来不会主动给予感恩和回报。

当你牺牲了所有，企图去获得别人的好评和善意对待的时候，一旦没有得到，你很可能会彻底失去心底的耐心和内心的平衡感，而你与自己的相处也将会变得艰难。你想做一个善良的人，善良却令你难以做人。

我始终认为正确的善良，应该是心有良知，秉持正义，同时不纵容恶意。这两方面缺一不可，否则，你对他人的一片好心，很可能会变成对自己的恶意。对自己的恶是我们生命里最大的不善。

善良的天性是用来成就自己的美好，而不是被他人利用，更不是让你给别人机会伤害自己。当你感到“行善”让你活得越来越艰难，那就应该想一想，你的善良是否用错了方法、用错了对象、用错了剂量。

4. 有时候，机会不是被别人抢走的，是被你的谦虚吓走的

导读：有些位置，别人站上去了，就不再有其他人的立锥之地。

在中国人甚至东方人的文化里，“不谦虚”几乎被看成一个不可饶恕的缺点。人们在批判某个人不谦虚的时候，那表情简直是在说他“厚脸皮”。加上从小受到的“谦虚是一种美德”的思想教育，几乎没什么人敢于挑战“不谦虚”这个品德雷区。

一个不那么谦虚的人，会被人冠以自以为是、狂妄自大的帽子，尽管，也许那个人真的很厉害；一个不那么谦虚的人，会被人贴上炫耀、骄傲等标签，尽管，也许那个人只是展现了自己的实力。

所以，好些人都在诚惶诚恐地谦虚着，把谦虚当作一个盾牌在保护自己，使自己泯然众人，变得平庸，以便成为受大众欢迎和接纳的人。

我朋友梨木就是一个非常谦虚的人。

梨木是个才女，打小写得一手好文章，后来顺理成章地考进中文系，

即使在号称才女如云、才子满地的中文系，她的文笔也是数一数二的。而且梨木长得不赖，眉清目秀，不事雕琢。

按理说，这样的女孩怎么也该是系里的风云人物。可知道梨木的人并不多，因为她太低调，太不会表现自己，不喜欢站到耀眼的位置，害怕被人评论和关注，恨不得给自己身上披一件“愚蠢”“平庸”的外套，就像中学时期因怯于展露身材而永远用宽大的校服包裹着自己。

大二的时候，梨木对隔壁班一个男生很有好感，打听到他是系里有名的才子后，再看看他帅气的脸，挺拔的身材，梨木就只敢每天上课偷偷望他几眼了。她觉得自己配不上他，无论外貌还是才华。

梨木一个学期的望穿秋水之后，换来的是男生牵手佳人。可惜佳人不是她。那个男生自始至终都不知道梨木喜欢他，好吧，其实他根本不知道世界上有个人叫梨木，每次利用上大课的时间对着他背影暗送秋波。

令梨木沮丧的不是男生有了女朋友，而是男生的女朋友无论是外貌还是才华都乏善可陈！怎么可以这样呢，这样的男生怎么会看得上如此平凡的女生呢？梨木想不通，并且越想越懊悔——早知道这样，当初还不如表白试一试，说不定现在牵他手的就是自己呢！可是，来不及啦，有些位置，别人站上去了，就不再有其他人的立锥之地。从此，梨木只能望着男生和佳人的背影暗自神伤。

你以为梨木会彻底醒悟？不，她在同一个地方又摔了一次。

二十多岁的梨木居住在小城，埋头码字，不事社交，默默出版了好几本书，依旧默默无闻。一次偶然，梨木被当地的报社社长得知。小城嘛，出个人才不容易，社长连忙把梨木邀请到报社，参加一个据说是当地“规模最大”的文学会议。到会的都是作家，梨木一看那规模、那阵势，突然觉得自己变成了沙漠里的一粒尘埃。

会上，大家轮流发言，都十分踊跃，但内容无非是介绍自己的成就和拍出版社领导的马屁。后来，轮到她发言，她推托半天不肯说话。为什么？因为那些套话，她一句也不会说，她怕说不好遭人笑话，说太好了人家又觉得她不谦虚。她既不会夸自己，也不擅长夸别人，实在躲不过去，她就随便说了两句谦虚的话赶紧把话筒传给旁边的人。

后来，她就再没被邀请过参加类似的会议，尽管，她后来也听说当时在座的作家，大部分都只是在小城的报社上发表过一两篇小文，有的还是“夏季如何防蚊”“怎么做出好吃的桂花糕”之类的。

其实，梨木不是特例。在我们的身边，甚至是我们自己，都曾做过或正在做“梨木”，抓着盾牌一样的谦虚，将一个个机会拒之门外，还自以为表现得恭谦礼让，特别完美，特别自我陶醉。

可是，人生又有多少机会给我们去拒绝、去浪费呢？也许，错过了这趟车，就终生到不了目的地。就像梨木，错过了表白的机会，心中的爱慕就再也无法说出口，错过了发言的机会，内在的才华也无从展现。她的爱情，看似被另一个女孩抢走了，可是，难道不是她自己从来不曾去争取吗？她的才华，看似没有得到伯乐的发掘，可是，难道不是被她自己掩藏起来的吗？

所以说，机会往往不是被别人抢走的，而是被自己的谦虚吓走的。

过度的谦虚，在你自己看来是谦虚，是完美人格的表现，在别人看来，就等于不自信、没能力、推托重任。你渴望得到别人的认可，自己却不认可自己。一个连自己都不认可的人，又怎么会获得别人的认可呢？

你越是注重外在的呈现，越想让自己看起来完美无瑕，就越会显露出缺点。毕竟，除了你亲爹妈，任何人都没有耐心和动力把你的每一个特点看成是了不起的优点，你只有把自己的优点认认真真呈现出来，别人才可能认同你是一个优秀的人，值得给予机会。否则，你就只能抱着那些只有自己知道的优点一辈子籍籍无名、碌碌无为。

不懂得谦虚的人，往往给人骄傲自大的嫌疑，可是别忘了，过度的谦虚也等于骄傲。在不如你的人面前，你过度的谦虚，可能会让对方误认为你是在嘲笑和讽刺他。

所以，问题的关键不在是否应该谦虚，而在于能否恰当地表达谦虚。

你的心中，始终要能够区分谦虚与退缩的区别，以及它们之间的微妙关系。谦虚过度，一不小心就会变成退缩。不再退缩，也可以恰当地谦虚。

在机会来临时，要当仁不让，接受好意，接受挑战，坦然地展示自己的才华，精准地抓住机会。过度谦虚而白白浪费机会，不是什么值得夸耀的行为，而是平庸、愚蠢的表现。

在缺少机会的时候，更不可用过度的谦虚把机会吓得绕道而行，而是要主动出击，自动吸引机会，学毛遂敢于自荐，才有机会大放异彩。

从今天开始，正确地展示自己的优秀，恰当地表达谦虚吧！别等到机会失去了，再来喋喋不休地解释：自己曾经离机会多么近，自己有多优秀，只是没抓住机会。这样一点儿都不值得别人同情，只会白让人笑话。别让自己的优秀变成一个笑话！

5. 我不是让你一毛不拔，而是教你付出有度

导读：不拒绝，就等于在纵容别人对你剥削；不拒绝，就等于在鼓励别人对你压榨。

你可曾因为别人一句“你真小气”，就被触动弱点，然后开始做一些对方希望而自己不愿意的事？你可曾因为担心别人说你吝啬，就忍痛割爱，将自己的心爱之物呈献于人？你可曾为了维持“大方”“好人”的形象，对别人的需索来者不拒？

我看见你在悄悄点头。好吧，你是一个跟我朋友一样的倒霉蛋。

我朋友May，圈子里出名的“有求必应小姐”，平时出手特别大方，聚会负责买单，朋友生日之类的总不忘送礼物，谁要是看中了她的什么东西，即使是她的心头好，她也能忍痛割爱。有一次，她刚托人从国外买回来一个包，背出去第一天被朋友看中，包就换了主人。

她是“富二代”“阔太太”？都不是，其实，她就是普通家庭出来的普通女孩，平时自己也挺节省的，为买那个包攒了好几个月钱，每次送完人家礼物她都默默地省吃俭用。但她对待别人和对待自己截然不同。对朋

友来说，她简直就是天上掉下来的聚宝盆，平时周围总围绕着很多朋友，她总是热情付出的那一个。

可惜，“聚宝盆”一旦变成一只普通的“陶罐子”，就不再那么受欢迎了。

去年，May买了一套小公寓，可谓倾其所有，因此，有大半年的时间里，她都处于经济极度窘迫的状况。可是跟朋友间的应酬形成了习惯，难免照旧三五成群地聚在一起。以前都是May主动买单，朋友们也乐得白吃白喝，渐渐地，聚会由May买单就成了惯例。May比较大方嘛，让她请客好了，大家都这样想。

前面几次，吃喝结束后May没有像往常那样自觉地跑到收银台结账，大家一时无法适应，都用奇怪的眼神看着她。她尴尬死了，觉得自己特别丢人。可是实在囊中羞涩，只好硬着头皮装傻，心里暗暗决定等经济宽裕点儿了再加倍回请大家。后来，她的朋友们聚会就不太叫她了，还在圈子里流传着一句话：May变小气了。

May知道后，难过了好长一段时间。不过，她不是气朋友，而是气自己，觉得都是因为自己没能力，才让大家觉得她小气。而且，她承认自己真的变小气了，还觉得自己跟朋友聚会混吃混喝特别丢人。渐渐地，她也不再参加朋友们的聚会。可是，May心里仍然很不安，觉得自己欠了大家的，也对自己的“小气”耿耿于怀。

听完她的倾诉，我非但没安慰她，还恨铁不成钢地骂了她一顿：

“你是富家千金、豪门阔太，钱多得没地方花？”

“你是朋友少得可怜，需要拿钱收买朋友、购买友谊？”

“你是欠了天大的人情，需要不断地偿还？”

“很显然，都不是。你不过是一个普通人，没有花不完的银子刷不爆的卡，甚至需要省吃俭用地负担房贷，你凭什么充当别人的钱包，凭什么因为人家说你小气，你就拼命用钱来证明自己大方？”

May很没底气地说：“可是我真的不愿意大家说我小气，我不想做一个小气的人。”

我白她一眼：“我又没叫你做‘铁公鸡’，吝啬地一毛不拔，我只是觉得你应该付出有度，不要因为别人的偏激评论就拼命给自己正名。一毛不拔和付出无度是两个极端，你大可不必非此即彼。”

May若有所思，我也陷入了思考。

小气，似乎是一个伤人自尊的字眼，没有人喜欢别人评价自己小气，即使真的小气，也不愿承认。在我看来，那些真正小气抠门儿的人从不觉得自己是吝啬鬼，相反，像May这样并不小气的人，却总是感到内疚，觉得对别人付出得不够。发个红包，总担心金额少了；送份礼物，总觉得太寒酸；跟朋友吃顿饭，自己不买单就觉得是吃白食。他们总是恨不得把家底掏出来给人才心安。可是，这样的大方并不能一直给他们带来好评，说不定哪一天，他们反而会被冠上“小气”之名。

为什么？

理由一：透支自己，难以为继。

不得不承认，每个人的能力和财富都是有限的，如果在送礼请客等不可避免的物质付出中过度支出，势必会让自己捉襟见肘而影响基本的生活。

既然不能长期透支，那就在一开始就做好规划，拒绝不必要的支出，避免在人情世故上花费过度。

理由二：过度付出，得失失衡。

从心理学角度来看，人是不存在纯利他行为的，任何方面的得失，都应该维持一个基本的平衡，人的心理才能平衡。一个十分热情的人，在付出时看似无私，其实暗含期待，要么期待对方还以物质，要么期待对方还以感激。一旦对方没有做到，付出者心里难免失落、埋怨，甚至愤怒，觉得自己没有获得相应的回报和平等的对待。

与其这样，不如在一开始就不要主动打破平衡。

理由三：纵容他人，亏待自己。

过度“大方”的人，总在无形中纵容他人期待他们的付出，或主动向他们索取，并且觉得他们所做的一切都是应该的。这样的人比较难以获得他人的理解和同情，因为一切都是他们纵容的结果。

在付出的问题上，我们应当把自己与他人放到平等的位置，公平地对待，而不是总认为自己应该为他人付出和牺牲。付出无度，毫无疑问是将自己放在比别人低微的位置，是对自己的一种亏待。

人性原本欲念丛生，欲壑难填。不拒绝，就等于在纵容别人对自己的剥削；不拒绝，就等于在鼓励别人对自己的压榨。而且，剥削和压榨不仅仅是指物质上的，还包括精神上的，后者所带来的负面影响往往更加深远。

付出无度终会让人在物质和精神上精疲力竭，如果你想当个“大方”的、完美的人，迟早会发现，你败给了“大方”和“完美”。

6. 千万别因为别人的一句话而刻意地改变自己

导读：不要太在意别人对你的主观评价，别人眼中的缺点，也许正是你独特的地方，甚至是优点，千万别因为别人的一句话而刻意地改变自己。

我有位朋友叫安，跟我一样，是码字工。不同的是，她还有一份说好不好、说坏不坏的工作，属于鸡肋一样的存在，但好歹是个生活保障，不忍放弃。她平时就像所有上班族一样，朝九晚五，在职场里摸爬滚打，小心应付着上司，努力和同事搞好关系，然后利用所有业余时间写作。

安在公司里与三个年龄相仿的同事走得比较近，组成了姐妹团。她们午间休息聚在一起，下班后也经常聚会。职场上的友谊与女人的友谊交织在一起，变成一个很诡异的存在，具体表现就是吐槽公司、抱怨婆婆、攀比老公、炫耀儿子，这些都是连接这份友谊的纽带。只可惜，纽带也经常会变成导火线，令四个女人之间硝烟暗起。

没过多久，安就有点儿厌烦这种友谊模式了，毕竟她并不是热衷于八卦、吐槽、抱怨和攀比的那一类人，最重要的是，她没那么多时间花在这些令她觉得无聊的事情上。

比如，下班后，姐妹团中有人提议去逛街，其他两位立即响应，只有安默不作声，不愿意参加，她惦记着没写完的稿子，编辑已经再三催促了。可是，无论她怎么推托，最后都会跟着一起去，因为姐妹团不是生拉硬拽地把她带上，就是讽刺安说：“哟，大才女就是不一样啊，不食人间烟火，都不愿意跟我们这些凡夫俗子一块玩儿！”安抵挡不住这样的冷嘲热讽，只好赔着笑脸投降。

再比如，周末，安把孩子交给老公，打算抓紧时间把拖欠的稿子补上。然而，刚到八点，手机的提示音就响个不停，原来是姐妹团的群里相约。姐妹们已经计划好一天的活动，逛街、吃饭、唱卡拉OK、吃饭、打麻将，从早到晚安排得满满当当。安这次决定坚持到底不参加，结果还是没抵挡住姐妹们的软磨硬泡，被拉着出去了一整天。

最让她烦恼的还不止这些，每次她拒绝的时候，姐妹团就集体讨伐她，要么阴阳怪气地说她清高、高傲，要么冷嘲热讽地说她炫耀，要么合起来对她实行冷暴力。

有一天，她终于受不了了，直接而果断地拒绝了姐妹团。从此以后，姐妹团便时常公开攻击她。但是，她已经不在乎。她终于明白了，清高或俗气，都是别人的评价而已。况且，清高又如何？清高又什么时候变成了缺点呢？

世界上最可怕的事情就是做别人意志的奴隶，被别人的一句话牵着鼻子走。安曾经用太多时间来苦心经营人际关系，努力融入并不适合自己的交际圈子，只是为了不被人说“清高”“不合群”。结果证明，她并没有因此获得快乐，相反，她浪费了很多的时间和精力在对自己毫无益处的事情上。如果将这些时间和精力投入自己喜欢的事情中，安相信自己不但可以获得快乐，更能得到成长，成为更优秀的人。对于安来说，“生活不只是眼前的苟且，还有诗和远方的田野”。

如果你是安这样的人，正在遭受同样的困扰，如果有人总是恶意地评论你、讽刺你。那么，我要说的是不必在乎，不必难过，不要太在意别人对你的主观评价，别人眼中的缺点，也许正是你独特的地方，甚至是优点，千万别因为别人的一句话而刻意地改变自己。终究，我们是自己的主宰者，我们是怎样的人，与别人没有关系。我们应该做的，就是做好自己，使自己成为独特、优秀、独立的人。

最后，我还想说：

如果有人总是针对你，恶意地评论你，说明你在某个方面具有令对方羡慕或嫉妒的优点，有刺痛对方的神经的能力。这对你来说，并没有什么损失，所以根本不用放在心上。反而是对方，被自己的嫉妒之心困扰着，不得不时时盯着你这个原本与他们毫无关系的人，把时间浪费在毫无意义的事情上，使自己疲惫不堪。

7. 不必因世俗的压力动摇，更无须为“嫁不出去”而羞愧

导读：不是所有的世俗都必须遵从，不是所有的舆论都正确无误。

春节过后，我的邮箱里塞满了邮件，其中涉及内容最多的，就是未婚姑娘们被各种人、各种方式逼婚。不难想象这样的场景：一个到了适婚年龄还没结婚对象的姑娘，千里迢迢地“回家看看”，结果不是被七大姑八大姨关于结婚和找对象的问题围攻，就是被父母逼着相亲，好好的一个春节演变成了一场声势浩大的逼婚运动，未婚姑娘们则沦为这场运动的受害者。

其中有位姑娘的遭遇特别典型，我们暂且叫她小米吧。小米说，她到家的第一天，她妈就趁她补觉的时候偷偷地翻看她的手机，就像小时候偷看她日记一样。只不过，小时候是为了寻找她早恋的蛛丝马迹，现在是为了挖掘她谈恋爱的有力线索。

睡梦中，小米被她妈摇醒，睁开眼对着的就是她手机上的通话记录。

她妈用神探逮住嫌疑人的表情指着其中一个通话记录问："这是谁？跟你什么关系？你们为什么打那么多电话？"小米定睛一看，是她的一位客户，因为这段时间有业务往来，联系得勤快了点儿，没想到无意中成了"嫌疑人A"。

小米简单地解释了一下，她妈不信，她只好把跟客户的微信聊天内容调出来，一条条翻给她妈看。没错，谈的都是工作，无关风花雪月。她妈有些扫兴地放弃了对"嫌疑人A"的调查，继而转向"嫌疑人B"。

"嫌疑人B"是小米的同事，跟她一起负责前面那位客户的项目，与小米的通话频度大概位居第二，自然成为被怀疑的对象。她妈追着她交代"嫌疑人B"。小米懒得解释，直接一个电话打给同事："喂，你到家了吗？你们今年在你家过年还是到你老婆家过年？对了，你们带孩子坐火车当心点，一定要注意安全！"

她开的是免提，她妈听到第二个问题的答案就面露沮丧了。又失去一个嫌疑对象，"神探"的表情有些惋惜。

接下来，小米又用了不同的方法排除了嫌疑人C、D、E、F、G，最后她妈终于死心了，放下手机，对着她长叹一声："唉，你都二十八了还没个男朋友，咋就不着急呢？我跟你爸都老了，你就不能早点找个人嫁了，让我们安心吗？实话跟你说，我跟你爸在亲戚朋友面前都抬不起头来，人家都一个个抱孙子抱外孙了，我们闺女连个男朋友都没找到，你让我们这张老脸往哪儿放啊！"

小米被她妈这一番话弄得又囧又难过，再也没有了回家过年的喜悦。他家那些亲戚朋友的嘴脸，她不是没见识过，他们堪称中国民间舆论的代言人，热衷于对一切与他们的认知有偏差的事物进行批判和纠正，其中的一个热点就是针对"大龄剩女"进行质疑和逼婚。

本来她是无所谓的，平时逃得远远的，看不着白眼也听不到闲言碎语，顶多隔三岔五地听她妈妈唠叨几句。可是面对她妈的这一阵叹息，她突然觉得，自己也许真的太自私了，没有考虑到父母的处境，很明显，由于她在找对象和结婚上的“无能”，令她父母处境艰难，甚至无颜面对“父老乡亲”。她第一次陷入了深深的愧疚之中。

看完小米的邮件，我的心情也突然变得复杂起来。

不得不说，在中国，未婚姑娘们的日子真的太艰难了。这种艰难不是来自生活本身，而是源于世俗的逼迫。

但我今天不是要批判逼婚行为，而是想对姑娘们说一说我对“不结婚”这件事的看法。

首先，我要强调的是，很多姑娘不结婚，并不是嫁不出去。这个情况又分为两种：一种是不愿意嫁，一种是想嫁，只是暂时没有找到合适的人，所以还没嫁。

不愿意嫁的姑娘，大都是人们口中的“三高女性”，即高学历、高收入、高年龄。她们并非世俗观念中出不了手的“尾货”，而是因为有眼光、有能耐、有胆量坚持单身，过自己想过的人生。在某些人看来，单身的她们过得孤独惨淡，但事实是，她们的生活充实而精彩，她们既有能力为自己提供丰盈的物质，也有能力使自己的精神世界充满生机。因此，结婚对她们来说，并不是非完成不可的任务。在她们心中，快乐和自由才是至高无上的，自我价值的实现才是她们证明自己的途径。

想嫁而没嫁的姑娘，并不等同于嫁不出去，她们只是暂时没有找到适合自己的人，又不愿意将就，于是出于自愿保持单身，只为等待合适的时机遇见那个正确的人。这类姑娘占了未婚姑娘中的大多数，又大多是普通人，没有“三高女性”身上那些耀眼的光环，没有出类拔萃的能力，很自然地成为被逼婚、被攻击的主要群体。

尤其是，这类姑娘本身是想嫁的，所以很容易因受到世俗舆论的压力产生动摇，开始怀疑自己的坚持，甚至因为自己“嫁不出去”而感到羞愧。小米就是一个典型的例子。

可是，结婚这件事，真的没什么值得夸耀的。有些人刚好在比较早的时间遇到了对的人，然后顺理成章地结了婚；有的人从来没有思索过婚姻在人生中的正确地位就匆忙结婚，为下半辈子找物质和感情的依靠。但无论是哪种情况，都不是已婚者嘲笑和歧视未婚者的资本，因为未婚本身并不是一个错误，更不是一种罪。

而那些因为未婚而感到不好意思、羞愧难当的姑娘，你们的脸皮真的太薄了！而且，你们对自己的要求太过于完美了！

你们觉得完美的人生应该是在合适的时间做合适的事，比如，应该在适婚年龄找一个人结婚。可是，什么叫合适的时间呢？法定结婚年龄？高龄产妇的临界线？什么又叫合适的事呢？结婚？生孩子？可是，又是谁告诉你们这是人生中必须要完成的任务，而不是你想做或不想做的事？又是哪条法律规定你必须在什么时候完成它们？

没有！除了七大姑八大姨的七嘴八舌，除了所谓的“好心人”的指指点点，除了盲目焦虑的父母的唠唠叨叨。可是，这些都不是出自你内心的真正想法，也不应该是影响你判断和决定的主因。

所以，当那些“好心人”企图把他们的生活标准和自以为“为你好”的建议强加给你的时候，你真的应该学会拒绝。

不是所有的世俗都必须遵从，不是所有的舆论都正确。内心强大的人，总是敢于屏蔽世俗，撇开不正确的舆论，昂首阔步地走自己认定的路，做自己认为正确的决定，他们绝不会被落后的世俗标准所左右。

这个世界有很多东西都有特定的答案，唯独人生没有。那些自以为能做你的人生导师的人，不过是好为人师，喜欢评论别人、指导别人、干涉别人。而你要做的，就是保持自己的判断力，认准自己的人生道路，做好人生规划，不轻易被他人所影响。

姑娘们，做一个内心强大的人吧！不必因为别人无理的耻笑就自觉羞愧，不要因为他人不负责任的评论就动摇心志，在流言蜚语面前，脸皮“厚”一点，才能活得更轻松自由。

第四章

天涯海角，你逃不掉感情债

1. 老好人的注释是“谁都可以欺负你”

导读：礼让是一种社会公德，但其前提必须是大家都遵守公共秩序，否则，“礼”无从行起，“让”也无从谈起。

前段时间，我的博客上有一个读者留言，很长。我看完后，心情十分复杂。

那位读者跟我说了她妈妈的故事。

她小时候家里很穷，爸爸没什么文化，在工厂当锅炉工，每天在高温下汗流浃背地工作，嘴唇长期处于爆裂状态，吃饭的时候疼得龇牙咧嘴，笑起来的样子令人心疼。然而，微薄的工资却只能勉强维持一家人的生计。为了省钱，他爸爸开始是一根烟掰成两截抽，后来干脆戒了。她爸除了工作服，几乎没有别的衣服。她妈妈是家庭主妇，没有收入，但是跟亲戚朋友以及邻居的关系特别好，因为她是个老好人，自己家的日子过得紧巴巴，对人却十分慷慨，谁家有困难她都少不了去献爱心。这本来不应该算个缺点，但有时候，她妈的热心程度实在是令她抓狂。

有一次，邻居家的亲戚生病住院了，来邻居家借钱。邻居也不富裕，无钱可借，就带着亲戚上她家，在她妈面前一把鼻涕一把泪。然后，她妈心一软居然把家里当月的伙食费全拿出来借给人家。

那个月，她吃咸菜吃得两眼无神，有好几次看见她爸走路都打趔趄。后来，那笔钱人家始终没有还回来，是有意拖欠还是无意遗忘已经不重要，总之她妈觉得自己又当了一回活菩萨，特别有成就感，特别自我感动。

没过多久，她爸也生病了，家里一分钱都拿不出来，她爸就死扛，非说自己没事，不肯去医院，连最便宜的诊所都不去，最后越拖越严重，直接晕倒在锅炉前，被单位送进医院。

晚上，她妈本来要去医院照顾她爸，突然又来了一个邻居，说是要外出办事，让她妈帮忙看孩子。她妈本来有些犹豫，但是邻居说了一句话，她就同意了。邻居说：“你家老李多大个人了，医院又有护士，你女儿也可以去照顾，我这孩子才多大啊，你不帮我看着，他可就太可怜了！”那天晚上，十四岁的她在医院陪着爸爸，整夜都不敢闭眼睛，她对那阴森森的病房充满恐惧，令她更加恐惧的是爸爸突然离她而去。那时候，她多么希望妈妈能陪在她身边，哪怕只是安慰安慰她。

更荒唐的是，第二天邻居去她家接孩子，走到门口听到孩子在哭，就认定是她妈虐待孩子，在她家大吵大闹一顿，从此以后再也不是友好邻居了。

后来，她没能上大学，因为爸爸生病去世了。他爸去世前本来留了一点钱给她上学用，却被她妈拿去当“雷锋”，最后被骗光了。她的人生就这样改变了。

她问我：“为什么我妈明明是老好人一个，却总是被骗，被误解？我其实是恨她的，可是每次想到她的出发点是善良的，又觉得自己不应该恨她。”

我回复了她的问题：“因为大多数人干不过精明的人，也没能力欺负恶人，就只好专挑老好人欺负。”老好人的注释本来就是谁都可以欺负你。善良本身是没有错的，但是善良用得不是地方，或是没有把握尺度，就很容易变成对自己或其他人的不善。

同一天下午，我去银行办事，自动预约排队的机器坏了，只好夹在又长又挤的队伍中间等候，耐着性子跟着前面的人一寸一寸地往前挪。就在快要轮到我的时候，一位五十来岁的妇女突然硬挤到我前面，肥胖的身体逼得我连连后退，不小心踩到后面人的脚。我道完歉后发现硬塞进来的妇女淡定得好像刚才没什么都没发生过。难道她不应该道歉吗？还有，她凭什么插队？

我礼貌地拍拍她的肩膀：“阿姨，您能到后面排队吗？”

没想到对方回过头就扔给我一个白眼，扯着嗓门嚷嚷：“我插个队怎么了？我这么大年纪了，腰腿不好，你们年轻人就不能让让，这么斤斤计较真没素质！再说，我办完事还要赶着回家做饭呢！”

我被她理直气壮的强硬态度震撼得几乎要怀疑自己犯了一个大错，心想，难道是我做错了？我不应该提醒她遵守秩序？不应该被她推挤后感到不悦？从什么时候开始，“赶时间”成了不遵守公共秩序的理由和根据了？反而是遵守秩序的我变成“没素质”的人了？可是，她有没有问过我，以及我后面的人，我们赶不赶时间，我们的身体好不好？

说实话，我当时正身体不适，如果不是非常急的事，我是不会在这里排大半个小时的队的。后面的人，也许有急着办完事赶去幼儿园接孩子的，有取完钱要去医院照顾病人的，有忍着疼痛憋着尿急苦熬时间的，还有年纪大得站着都颤颤巍巍的，他们难道就应该无条件地让插队的人先行办事？

最关键的是，即使大家都愿意礼让，插队者起码也要先询问，征得同意，而不是蛮横地硬塞进队伍里，还对别人的质疑横加指责。

礼让是一种社会公德，但其前提必须是大家都遵守公共秩序，否则，

“礼”无从行起，“让”也无从谈起。

我平时挺尊老爱幼的，那天或许是受了那个读者的故事的刺激，突然对做“老好人”这件事特别反感，也特烦那些动不动就要求别人为她开“绿灯”的人。于是，我请来银行的大堂经理，请求他公正处理这个插队事件。整个队伍的人都在支持我，我想他们跟我一样，并非寸步不肯相让，而是被插队妇女的态度激怒了。最后，插队妇女只好不情不愿地重新排队。

对，我就是不愿意做“老好人”，任由别人欺负。我也不主张大家做“老好人”。“老好人”的特点是重情、重义，把情分看得比什么都重要，把帮助别人当作第一要务。但是，他们也往往因此忽略了自己和家人的正当利益和需求，比如前面说的那位读者的妈妈，就是因为做“老好人”，帮助别人，害得丈夫生病无钱医治，女儿被迫中断学业。她连善待家人这种最简单、最本分的事情都没有做到，“好”又从何谈起？

在“老好人”的心中，情分是衡量一切的标准。对于别人的要求，总是情不自禁地满足；对于别人的压榨，总是情非得已地接受；对于别人的辜负，总是不分是非地理解。然而，泛滥成灾的同情心却总是让他们反受其害。就像那位读者的妈妈，不是被人利用同情心欺骗，就是做了好事反而招来怨怒。

别人又是怎么看待“老好人”的呢？

在好人心中，“老好人”是庸人、蠢人、可怜之人，会对他哀其不幸，怒其不争，却不会觉得他善良、伟大、值得赞扬。

在坏人心中，“老好人”是傻子，冤大头，认为对他们不欺负白不欺负、不利用也是浪费，更不会心存感激或愧疚。

拒绝做“老好人”吧！唯有能力、智慧、勇气，才能成就强大。当你变得强大，善恶才能对你真正公正。在公正的善恶面前，欺凌才会越来越少，尊重才会越来越多。

2. 合理沟通，拒绝家庭语言暴力

导读：邪恶是潜藏在人性里的毒瘤，有时候不因任何人转良性。

在我的记忆中，父亲几乎没有大声地对我说过话，永远温和慈爱。凡事听取我的意见，如果是我自己的事，基本上我都可以自己拿主意。从小，我就知道父亲特别尊重我，虽然他从未正式教过我什么是尊重，可他的言行举止无时无刻地不在传达着对我的尊重。

可是，有些人就没我那么幸运了，在中国，得不到父母尊重的人，恐怕数量很可观吧！

我上次回老家，偶遇了一位中学同学阿梅。当时，阿梅正在人来人往的大街上大声地训斥她的孩子，被我认出来后，又向我一顿数落孩子的劣迹（无非是看到喜欢的玩具想要，看到好吃的想吃），这才放过了那个被训得脸红到耳朵根、头快埋进裤裆里的孩子。我不由得想起了一些关于阿梅的往事。

记得上学那会儿，有一天放学后，阿梅跟我们在外面玩，没有按时回家。我们一起走到阿梅家门口的时候，她爸爸突然冲过来朝她脸上甩出脆生生的两巴掌，接着揪着她的头发往院子里拖，一边拖一边骂："你个懒猪、蠢货，放学了不回来帮着家里干活，一天到晚就知道玩，干脆死在外面算了！"我跟几个同学站在那里惊呆了！我们不是没见过家长训斥孩子，自己也不是没被责骂过，可是这种让人毫无尊严的训斥方式，像我们这种初生牛犊哪里见识过，顿时觉得自己的爸妈简直是古代穿越过来的文雅书生！

后来，我们断断续续地了解到，因为阿梅是女孩，从出生那一刻就遭到家人的嫌弃。她爸爸极少叫她的名字，都是用"蠢货""懒猪""贱东西"等不堪入耳的词代替，动不动就打骂她，稍不如意就拿她当出气筒，而且向来都是当众打骂。她妈妈骂她的词汇量更丰富，几乎动用了民间泼妇骂街的所有词汇。

阿梅的成长过程就是一部被父母任意辱骂的血泪史，在他们家的字典里，是没有"尊重"这个词的。无法想象，这样一个女孩子遭受了怎样的人格侮辱，又是怎样熬过来的。

然后现在，阿梅终于学成出师，将自己曾经受到过的辱骂全用在了孩子身上。或许，在她的心里，尊重的意识曾出现过，却很快消失了；或许，从未出现过，因为她的家庭没有教过她什么叫尊重，也没有让她看到过、体验过什么是尊重。

但并非所有人都意识不到应该被尊重。有一次，我另一位朋友被他爸爸骂得实在受不了了，对爸爸说："你不尊重我！"结果，他被爸爸拿着一根大竹棍子撵了几条街，附近所有人都听到了他爸爸的骂声："我让你看看什么叫尊重！"长大后说起这事，他苦笑着说："原来尊重这东西，光你自己知道是没用的，关键是父母要知道。"

关于父母不尊重子女这事，周围俯拾皆是例子。随意辱骂子女的现象，在中国的家庭中是普遍存在的，没有遭受父母辱骂的子女反而占少数。并且，很多父母不但将一些具有人格侮辱性的词汇用在子女身上，甚至连根本不知道具体意思的词汇都脱口而出。对他们来说，没有骂谁比骂子女更酣畅淋漓了，因为毫无成本，既不用找理由，也不必负担后果！别说是子女年幼时需要依赖父母生存，就连已经长大成人了，有些父母一不如意照样张口就骂。在他们的观念里，父母就是子女的统治者，他们有资格决定子女的一切，自然也有资格打骂子女。如果子女反抗，那就是“不孝”，是为人子女的第一大错误。

此外，剥夺子女追求理想的权利，不尊重子女的职业、兴趣爱好，凭借自己的观念干涉子女的人生，反对子女的恋爱、婚姻，不尊重子女的孩子，等等，都是比较常见的现象，并且被很多人视为合理现象。

所以，中国人的代际关系其实是很糟糕的，彼此之间没有界限，大家不知道保护自己的空间，也不知道尊重对方的空间。父母对孩子无论用多么糟糕的态度，都觉得是天经地义的。他们以为生下子女，就可以靠生育获得权威，拥有对子女的绝对所有权、管理权、处决权，而且这个权利是终身制。甚至是对子女的配偶，他们也觉得拥有相应的权利。他们意识不到子女是一个与他们人格平等的人，有保持人格独立和被尊重的权利。他们的尊重可以给任何人，却唯独避开了子女。他们认为，他们打骂子女、羞辱子女，子女都得接受，就算不接受也只能忍受。子女不能质疑、不能反抗，否则就是挑战权威，挑战权威就是“不孝”。

然而，身为子女，就一定要服从父母吗？就一定要接受他们的不尊重吗？

我觉得未必。人人生而平等，这种平等的权利不应当仅仅局限于陌生人之间，而应该是无处不在。在家庭中的人格平等，应当是人类最基本的权利。在此基础上，我们才有可能作为一个社会人去获得平等和尊重。

因此，如果不幸出生在一个平等意识欠缺的家庭，拥有不懂得尊重子女的父母，我们要做的第一件事，就是为自己争取人格的平等和尊重。

当然，这并没有那么容易。有些父母是非常固执而不讲理的，尤其是在他们认为自己对子女拥有绝对统治权的情况下，想要他们做出让步，并非三言两语就能成功。但是，我们不能因为害怕麻烦、逃避冲突就放弃争取，不能一直秉持被动接受或默认的状态，在某种程度上这是对父母的一种纵容。我们不妨尝试一下，用正确的方法，认真地拒绝他们对我们人格的操控，或许会发现，获得父母的尊重，其实并没有我们想象中的那么困难。

假如你是一个很看重“孝道”的人，可能你在处理与父母的关系时，一切皆以“孝顺”为前提，一旦遇到与“孝道”相违背的情况，你就会无条件投降。但在我看来，“孝道”和“人道”是没有必然关系的，尤其不应该是相互悖逆的关系。在处理和父母的关系时，没必要事事以“孝道”为前提，而是应该合理考虑“人道”。把“人道”考虑进去了，我们才会懂得尊重自己。

在处理代际关系时，“理”的运用也很重要。这里的“理”指的是“理性”和“道理”。“孝”是单向的服从，一旦父子两代发生矛盾和冲突，处于劣势的必然是子女。这时候，不能因为牵涉人际间最亲密的感情，就放弃了“理性”。恰恰相反，在处理情感问题的时候，保持理性是非常重要的。

在具体方法上，也请把“孝”换成“理”，即不是无条件的服从，而是跟父母讲道理。对于文化程度不高的父母，或许他们不太能充分理解“尊重”是何意，但他们的行为的确是不尊重你，这时候，不必非要跟他们讲清楚什么是尊重，只要简单地告诉他们，他们这是不讲理的表现，或许会让他们更容易理解和接受。不懂得尊重子女的父母很多，但大部分人还是愿意做一个讲理的人，通过“讲理”来获取尊重，或许会得到意想不到的效果。

如果讲不通理怎么办呢？那就尝试用“情”，感性地告诉父母，他们的行为伤害了你，让你很难过，影响了你们之间的亲密情感。有时候父母把不尊重子女的某些行为也看作是爱，以爱之名做逾越代际界限或违背“人道”的事。比如：被很多人挂在嘴边的“打是亲，骂是爱”，就是典型地以爱之名行不尊重之实，用爱的标榜来使父母打骂子女的行为合理化、合情话。可是，侮辱人格的打骂、人生选择的剥夺、野蛮的干预，都不叫爱，而是一种以爱的名义进行非爱性的掠夺，而且这种掠夺是精神上的、感情上的，给子女带来的损伤更大，很可能是终生难以填补的心灵上的血窟窿。众多心理研究的案例表明，人们大部分心理上的问题，都与童年时期在原生家庭所遭受的心理伤害有关。

如果情也无法打动父母顽固的观念，是不是就应该彻底放弃争取尊重了？当然不，在获取尊重这件事上，任何理由都不应该成为我们的阻碍。

如果“理”也讲不通，“情”也行不通，那就简单直接地告诉父母，他们对你不尊重是一种错误的行为，并且你有权生气，而且你真的要生气。别以为对父母生气就是绝对错误的，在对错面前，没有阶级，没有尊卑，对就是对，错就是错。如果他们对你做任何事包括不尊重，你都畏缩在“孝顺”的大帽子下忍气吞声、苟延残喘，父母的不恰当行为不但不会自动停止，反而会变本加厉。邪恶是潜藏在人性里的毒瘤，有时候不会因任何人而转良性。别以为你是父母的子女就可以免疫，别忘了，成本越低的犯错就越受欢迎。

爱很简单，却也很复杂，用得好叫关心、保护，用得不好就叫伤害、束缚。当父母不懂得尊重你，而是以爱的名义来干涉你的生活、破坏你的人生，你一定要保留说“不”的权利。你虽然是父母生的，却不是他们的附属品，你应该有自己独立的人格和权利，这是任何人都不应该也无权剥夺的。否则，我们生而为人又有什么意义？

3. 要真正的孝顺，而不要“愚孝”

导读：请尊重自己作为一个独立人的基本权利，这个权利包括对一切不合理的事说“不”，即使对方是父母。

你有过被父母讨还恩情的经历吗？

没错，你没看错，我的确是在说被父母——讨还恩情。你不必提醒我说父爱母爱都是无私的，我们先来看两个真实的故事。

第一个故事的主人公是我的闺蜜思思。思思大学毕业找到工作，拿到第一笔工资后，激动万分地给家里打电话，想要分享她的喜悦，并向父母表达感激之情，感谢他们多年的养育之情。结果，她还没来得及说几句话，她妈妈就一口气把她大学四年的学费和生活费一笔笔报出来，并用不容商量地语气告诉她：“这些钱你以后挣了工资都是要还给我和你爸的，我们养你这么多年不容易，花了不少钱呢！”

思思举着电话，笑容僵硬地停在脸上，半天说不出一句话，眼泪却滑下了脸颊。

其实，她本来已经想好，以后每个月拿出一部分工资给父母。她还打算等收入再高一点儿，就给父母买保险，他们没有退休工资，也没有社保，她想尽自己最大能力给他们提供更多的养老保障。对于父母的养育之恩，她从未忘记，并且有自己的回报方式。

可是，当她妈主动提出要她偿还，那么直接，那么急迫，丝毫不考虑她的感受，她突然觉得最美好的亲情在一瞬间变成了赤裸裸的利益关系。那一刻，她觉得一股悲凉感钻进了她的骨髓里，再也出不去了。事情过去好久了，她一直都记得妈妈说那番话时认真、理智、顺畅的语气，她知道妈妈早就计划好了这件事。这才是最令人无法接受的。

还有一位朋友华子，月薪三千的时候，他一年给父母寄八千块钱，这已经是他能省出来的最大额度了，毕竟他一个年轻小伙子，在城市里要吃喝拉撒，还要谈恋爱。可是，他父母总说邻居家的儿子一年给父母好几万块钱，言下之意就是，他节衣缩食省下给父母的那点钱，跟别人比起来太微薄了。

然后他拼命工作努力赚钱，想让父母跟别人的父母一样，为儿子感到骄傲。当华子月薪八千的时候，终于能一年寄给父母三万块钱了，其实，这已经是他一年存款额的绝大部分，毕竟他正处于成家立业的阶段，需要花钱的地方很多。这时候，华子的父母却总对他说，谁家的儿子一年赚几十万，谁家的儿子已经拥有两套房两辆车，言语间夹着对他的不满，因为他还在存首付、坐公交。

当华子终于年薪十几万，心想，这下终于光宗耀祖了。可是，时代不断地在变化，他的父母变得更快。他们说，平时都不好意思跟别人说起华子的工资，因为小区里某某的儿子一年赚几百万，每年不知道要给父母多少钱。

华子有一种深深的无力感。无论他怎么做，父母好像永远都不满意，永远抱怨他给得太少。一边嫌他赚钱少，一边埋怨他没有每天打电话回家嘘寒问暖。他们似乎从不在意他在异地他乡的生活，也不知道他为了升职涨薪每天加班到很晚。他们每天计较着的，就是他给多少钱，并且常把他们的养育之恩挂在嘴上，不时地提醒华子要努力回报。

然而，华子上大学的钱是自己借的，毕业后就要按月还款，除去给父母的生活费，他留给自己的钱只能勉强维持日常开销。跟很多同龄人相比，他活得很拮据。

他经常忍不住想，他对于父母到底意味着什么，是儿子，还是养老工具，或是永远达不到他们期望的废物？父母永不满足的物质和感情索取，让他透不过气来。

可是，无论是思思还是华子，都只能默默顺从着父母的要求，还钱、还债、赡养、付出，毫无反抗之力。因为这看起来是天经地义的。

父母之恩向来被看作是至高无上的恩情。理由很简单，父母给了子女生命，既然生命是至高无上的，那么给予生命的人当然就是恩重如山。遗传生命学上的充要条件，被那些具有强大逻辑的人拿来当道德与情感的顶级镇压利器。而且，还真叫人难以反驳。

顺着这个逻辑，一个更加强大的逻辑出现了：既然子女的生命都是父母给的，子女生命中的一切，当然也属于父母，子女自然应该不计一切地去偿还父母的恩情，并且是永远偿还不够的，就算倾其所有，也不能对等地偿还，因为生命是不可逆向给予的，只要子女不能把命还给父母，就永远欠着父母的恩情。所以，父母对子女提出的任何要求，子女都应该无条件满足，否则就是“没良心”“忘本”。

所以有“扇枕温衾”“卧冰求鲤”“埋儿奉母”这些超越常情的故事，几百年来被奉为子女孝顺父母的道德模本，没人敢公开质疑其合理性，合情性。因为孝顺是天经地义的，跟天理比起来，人性、情感、逻辑，都得靠边站。

于是，在以孝道取代人道的社会氛围中，一大堆子女剥削者被繁衍出来。他们倚仗特殊身份，利用自封的特权，对子女极尽压榨之能事。他们把无法用在别人身上的剥削手段，淋漓尽致地实践在子女身上。过度索要金钱、索要感情，要求子女每天二十四孝打电话嘘寒问暖，稍不满意就骂子女“不体贴”“不孝顺”，说自己可怜、被抛弃。

这些人，跟我们传统认知上的父母完全是两个极端，前者极尽索取，后者又过度牺牲。在大部分人都享受父母恩情的时候，有为数不少的一部分人，其实在默默地遭受父母的过度索取。可见，并非所有的父母都慈爱无私，就像并非所有人都善良。有些人，不管是对谁，都不会心怀善意。

即便如此，子女也不敢拒绝，他们怕被冠上“不孝顺”“没良心”“忘本”的恶名，终身都洗不掉。这是比诬陷还可怕的罪名。诬陷尚可能洗刷冤屈，一旦背上“不孝子”的骂名，几乎没有人会再相信这个人的人品。

可是，错的一定就是子女吗？为什么父母就不可以有错呢？为什么子女“啃老”会被整个社会看不起，父母剥削子女就没人批判呢？如果“父纲”的思想至今还不分青红皂白地凌驾于子女身上，那人性的解放、社会的进步又体现在哪里？

所以我斗胆冒天下之大不韪为做子女的说几句话：父母之恩，必然要报，但任何人都没有资格成为我们的统治者，以“恩情”为倚仗，对子女进行经济和精神的剥削。而作为子女，对于父母不合理的索取，有权拒绝，并且应当拒绝。因为就人身和人格的独立而言，任何人都是“他人”，每个人都有权保持个体的独立性，以及拒绝他人的权利。

不过，这个问题处理起来的确棘手，具体方法上，值得多费些心思。

应尽的义务一定要尽。在无法改变养老现状的情况下，子女对父母的义务，不管是否合情合理，我建议大家不要过于计较，尽量给父母提供良好的生活保障。至于是保障他们过上小康生活，还是满足基本衣食需要，就要依据个人的实际情况而定。就像我们并不主张父母完全用物质表达对子女的爱，反过来，子女对父母的爱也不必以物质为衡量标准。

如果父母的索求超过了你的承受能力，也别认为是理所当然的，就像我们不能把父母的爱和付出当成理所应当的，父母也不应该用这样的态度来要求我们。

年轻人正处于人生的起步阶段和积累阶段，往往承受着比较大的工作和生活压力，工作上需要投入很多的精力，生活上也许已经“上有老下有小”，成为整个家庭的经济支柱，活得并不轻松。在这样的情况下，更应该尊重和维护自己作为一个独立人的基本权利，这个权利包括对不合理的事说“不”，即使对方是父母。

一味地顺从父母，并不是真正的孝顺，而是愚孝。理智的孝，应该是在孝的基础上，对父母要求我们顺从的事加以区分，不该顺从的、决不妥协。在原则面前，不应该给予任何人特权，否则，就等于没有原则。

4. 赢了竞争而输了友谊，这是什么逻辑

导读：好的友谊是会让彼此越变越好，而非互相伤害，或一起坠入尘埃。

现在，很多人都表示对友谊感到失望，甚至有人觉得人与人之间已经没有纯粹的友谊，只有互相需要、互相利用。拥有这种想法的人，大多在友谊上吃过亏、受过伤，即使不尽然，最起码也是受过刺激，就像我的一位小妹。

我小妹正在上大学，她最好的朋友跟她同校同系。她们从高中开始就是好朋友，当初考大学填志愿也是约好的，两个人的志愿填得一模一样，连老师都疑心她们其中一个偷懒，抄了另一个的志愿。其实，她们只是感情好到不舍得分开。她们甚至像恋爱中的人那样山盟海誓，约好做一辈子的好朋友。不料，人生还未过半，友谊就经受不住考验了。

事情源于一场竞争。系里竞选学生会干部，两个姑娘都能歌善舞，同时看上了文艺部长的位置。一开始，两个人都很渴望展示自己，约好一起努力公平竞争。大学生嘛，对于学生会干部的那份激情，我们都能理解，

谁没有过青春呢！

结果我小妹竞选上了。可是，她的好朋友却没有了说好的淡定，拒绝加入文艺部，甚至从此刻意地避开我小妹。

我小妹很难过，觉得自己不应该参加竞选，跟好朋友竞争，导致赢了竞争、输了友谊，得不偿失。她甚至想辞掉文艺部长的职位来挽回友谊。据我所知，早在高中时，我小妹与她的这个好朋友就遇到过一次竞争，为了不影响友谊，我小妹忍痛默默地退出了，但是心里一直为自己不得已放弃机会感到遗憾。

我对小妹的想法和打算持否定态度。

赢了竞争，输了友谊，这是什么逻辑？还有比这更荒谬的吗？因此，要弄清楚几点：

第一，竞争和友谊根本是两码事，也不应该相互冲突。

有利益的地方，就有竞争的可能性。没有哪种人际关系是不存在利益关联的，即便是号称利益真空地带的友谊。可是，竞争难道就一定不能在朋友间进行吗？为了友谊就非得避开竞争吗？这友谊得有多脆弱、多狭隘啊！

再亲密的友谊，也不应该在情感上互相绑架。如果友谊意味着放弃自己的正当利益，若争取正当利益就亏欠朋友的，那这样的友谊未免太狭隘。

依我看，只要是坦荡、光明、公正的竞争，即使是发生在朋友之间，也可以就事论事、不伤大雅，除非这份友谊根本就不是真友谊，朋友不是真心朋友，而只是玩伴，彼此只是在某个特定的时间段，为了避免孤单而相互需要对方的陪伴。但如果真是这样，不是真正的友谊，那么损害自己的利益、委曲求全就更没有意义。

第二，即使有冲突，逃避也绝非有效的解决办法。

成功的人际关系，从来不是靠避免冲突的方式去经营，而是接受冲突然后解决它。友谊也不应该特殊化。如果你总是试图通过逃避来解决问题，内心抗拒直面冲突，你处理问题的能力将会不断弱化，人际关系的维护将不可避免地受到影响，包括友谊。

第三，真正的友谊到底是什么样子的?

真正的友谊，是当朋友取得成绩时，发自内心地为他感到高兴；真正的友谊，是为好朋友的优秀感到自豪，并暗暗努力以免跟不上步伐；真正的友谊，是遇到竞争时当仁不让，最后不管输赢，都不会影响彼此之间的情谊。

朋友之间到底有没有妒忌？有。妒忌是人性里的顽疾，不会因为友谊的存在就自行消亡。

但是，朋友间的妒忌应该是正常的、理性的、有分寸的。你可以在一定合理的范围内对你的朋友产生妒忌，但是千万别太明显，而且，不能对他有言语上的攻击。私底下，你再默默努力，让自己变得更优秀，争取赶上他、超越他。等到那时候，妒忌会从你的心中悄无声息地溜走，并且，你会感激朋友的优秀和自己曾经的那份妒忌，因为正是它们激励你变成了更好的自己。

假如你因为与朋友竞争就失去了友谊，我只能说，你的友谊本身就不堪一击。一份在悬崖边颤颤巍巍的友谊，掉下深渊是迟早的事，而且也没什么好可惜的。你应该拒绝的不是竞争，而是这份友谊。

所以，好的友谊是会让彼此越变越好，而非互相伤害，或一起坠入尘埃。

最后提醒大家一点：不要动不动就考验友谊。朋友不是用来考验的，也不是所有的友谊都牢不可破，不要为难友谊，也不要“神话”友谊。

5. 人情世故是个大牢笼，但愿你不是困兽

导读：假如改变不了人情世故，那至少应该努力让自己别被它改变、围困。

我表弟大军最近要来我家一趟。这本来是一件小事，他表现得却特别紧张，打了不下十个电话，我们家每个人的喜好和忌讳都被他问了个遍。即便如此，他还是忐忑不安，以至于我疑心他要来跟我们过日子。可是，他真的只是出差顺路来看看我而已。

大军为什么会这样？后来我才知道，他在“人情世故”上摔了不少跟头，有点反应过度。

大军以前本来也是个我行我素的愣小伙子，粗枝大叶地活了将近三十年，人际关系方面都还挺顺利，也就不把人情世故放在眼里。经过几次相亲失败，他就不敢那么粗放了。

第一次相亲，他对姑娘挺有好感的，姑娘对他也还满意，两人都在长辈眼皮底下秋波暗送了。然而，相亲黄了。原因很奇特——点菜的时候，他问姑娘的父亲要不要来瓶酒，那位满脸笑容的大叔说“不要不要”，于

是他就真没有坚持。谁料，事后对方跟媒人说：“这小伙子太不懂人情世故了，没资格当我女婿！”大军还傻傻地问媒人：“我哪不懂人情世故了？为这顿饭我都花了一千多块钱啊！”媒人用“说你愣你还真愣”的眼神白他了一眼：“人家说不喝酒，你就真不点酒了？人家那是客气！再说，就算真不喝，也得点了在那摆着，那是基本的人情世故。”大军不屑地把头一甩：“那老头也太矫情了！”

第二次相亲，他又失败了，因为对方姑娘说，他一看就是个不懂人情世故的人。这次是因为吃完饭他提出送姑娘回家，姑娘死活不肯，他心想也许是人家姑娘矜持，就帮她叫了出租车。但是，他忘记预付车费给出租车司机了，姑娘因此觉得他“小气”。

第三次，他没有摔在相亲上，但是摔在了恋爱通往结婚的路上。他跟那姑娘眼见就要奔结婚去了，中途遇到中秋节，按照当地习俗他得去姑娘家送礼。他这次可花了血本，装了满后备厢的礼物，心想这下总不会有人再说我不懂人情世故了吧！他一到姑娘家就傻眼了：姑娘家客厅坐满了七大姑八大姨九叔伯。他被领着稀里糊涂地称呼了一圈，又是赔笑又是点头哈腰，就跟汉奸见鬼子似的，结果还是遭到那堆人的群体否定。为什么？因为他没给小孩发糖，也没给男人发烟。大军觉得自己冤得慌，他不抽烟，平时压根儿不会想到买烟。至于糖，那就更别说了，哪个大男人出门揣包糖？他买的全是高级礼品！！

听完大军的故事，我差点儿笑岔气。笑归笑，我知道大军的故事还不是最离奇的，在中国这个以“人情世故”为社会行为准则的环境中，栽在人情世故上的人可是前仆后继啊！

中国人总是把人情世故整得特别隆重，又特别复杂，而且无处不在，无孔不入。三姑六婆、同事、同学、朋友、邻居，亲的、不亲的，熟的、不熟的，全部通过人情世故关联在一起，组成一个巨大的笼子。人的一生，整个就是一部人情世故史。

但说实话，我其实对很多人所谓的人情世故并不认同，在我看来，人情世故的弊端有三：

其一，功利化，物质化。

人情世故源于礼、理，是有别于法律和道德的另一社会准则，对人的行为有一定的规范和约束的作用，原本是个好东西。但好东西一旦用不好，就会变质、腐烂，成为坏东西。在一个不再质朴的环境中，人情世故已经越来越功利化和物质化，越来越像交易。人与人之间的交往，不是靠感情，而是靠物质。有钱大家都是兄弟，没钱谁跟你谈感情啊！于是，无可奈何的支出多了，金钱包袱重了，人情味却变淡了。

其二，太多人站在人情世故的道德高地，对别人进行精神拷问。

对于那些不愿意搅和进人情世故大染缸里的清流，人们是怎么对付的呢？利用道德压力借力打力！

人们在评论某人的品德时，把懂不懂人情世故当作衡量尺子，在简单粗暴的衡量标准下，得出霸王结论：

不懂人情世故=缺心眼=智商和情商有问题

或：

不懂人情世故=坏心眼=道德有问题

人情世故经过变异，变成了精神和道德镣铐，动不动对人进行拷问。性子弱的立马就投降了，倔一些的吃了亏也会学乖，比如我表弟大军，现在简直是惊弓之鸟。这种拷问，从本质上来说，是一种精神和道德压榨。

其三，人情世故让人失去了自由，也失去了自我。

人情世故让人不得不遵从大众设定的不合理原则行事，从某种程度上来说，夺取了个人的自由，也使人失去自我。比如，那些不愿做“坏人”的人，明知有些人情世故是不合理的，自己并不愿意遵从，然而，慑于人情世故的淫威，只得夹着尾巴老老实实地屈从于人情世故的规则之下，顺从于别人所谓的“应该怎样”，服从别人的人情世故标准，久而久之，把自己驯化成了困兽。

一只人情世故的困兽是怎样的呢？例如：收到被称为“红色炸弹”的邀请函时，本来是不咸不淡的关系，不想去却又担心人家说自己不近人情，还是硬着头皮前往，一边悄悄心疼钱，一边赔着笑脸出席丝毫融不进氛围的酒席；回家过年走亲串友，兜里得提前备好红包，见着老人小孩，都得奉上红包表心意，如果不小心漏了谁的，“不懂人情世故”的恶名会很快传播出去；但凡亲戚朋友同事家有喜丧，送红包已经成为一个不可逃脱的任务，还特别担心红包小了得罪人家……

简言之，所谓困兽，就是生活中但凡涉及人情世故的事情，已经不由自己做主，自己彻底失去了判断和反抗的能力。这样斡旋于人情世故中，人情味没有感受到多少，人却觉得很疲惫。

你活在一个自由度那么高的时代，为什么要做一只困兽？不就是因为不敢拒绝吗！不敢拒绝，才会有那么多的“身不由己”；不敢拒绝，才会被人情世故所牵绊；不敢拒绝，导致自己主动交出了人际关系上的选择权和自由。

可是，对一个人来说，自由难道不是最可贵、最重要的吗？如果让自由屈从于根本不合理的人情世故规则之下，岂不是又违背了我们的人格独立性？

因此，对于人情世故，我们固然要考虑，却也要甄别对待，不能被人情世故牵着鼻子走。合理的人情世故，酌情接受；不合理的人情世故，果断拒绝。

酌情接受的意思是：

你需要懂一点儿人情世故。你不能指望所有的人情世故都对你网开一面，在复杂的社会中，懂一点儿人情世故并非坏事，反而可以保护自己，令自己活得更轻松。

有句话说得特别好：知世故而不世故。我想，你需要做的只是在单纯和耿直之间，找一个知世故而不世故的平衡点。

果断拒绝的意思是：

明知不合理，自己非常不愿意做的事，即使看上去再有人情味，也应该拒绝。开口说“不”，其实远没有你想象得那么难为情。

电影《熔炉》里有一句话令人印象深刻：我们一路奋战，不是为了改变世界，而是为了不让世界改变我们。

同样的，你来到世界上的主要目的，并不是经营人情世故。假如改变不了人情世故，那至少应该努力让自己别被它改变、围困。

最后，愿你永不被人情世故所困、所伤。

第五章

越害怕失去，就越会失去

1. 对待无止境的贪婪要当机立断

导读：记住，贪婪是永远喂不饱的恶狗。如果你一开始给了它一块骨头，它就会期待一块肉，你给了它一块肉，它就会想要整头猪。

有一天我出门散步，拐过楼下的角落时，看见个姑娘蹲在地上哭，怪可怜的样子。我停下来询问。

姑娘告诉我，她堂妹离家出走了，她找了两个小时还没找到，不知道怎么办才好了。看她又急又慌的样子，我猜她肯定很在乎她堂妹。有一个这么在乎自己的堂姐，怎么还会离家出走呢？

问完缘由后，我很为姑娘打抱不平。

原来，这位姑娘独自离开家乡在外面打拼了好几年，在这个城市里无亲无故的。当她堂妹说要来投靠她时，她可高兴了，把租住的房间让出一半给堂妹，拿出自己的所有东西跟堂妹分享，堂妹就这样拎包入住了。

堂妹找工作期间没有收入，吃喝拉撒全由她负责，连零用钱也是她给。可是，堂妹找到工作后照样白吃白住，她也不好意思伸手要，只能咬牙在自己身上拼命省。更夸张的是，堂妹每到月底就说没钱了，让她给点钱吃饭坐车。她觉得总不能眼睁睁地看着堂妹挨饿，于是每每对堂妹有求必应。

有一次，她加班到很晚，已经没有公交车了，她只好咬牙打车回家。但为了省几块钱，她在离家比较远的地方就下车了，走路回去。路过一个夜宵摊的时候，她突然瞥见一个熟悉的身影，居然是她堂妹。堂妹一个人点了一大堆烧烤吃得津津有味，头也顾不上抬。她摸了摸咕咕叫的肚子，默默地从旁边走过去，没有惊扰堂妹。到家后，她用一包泡面打发了咕咕响的肚子。堂妹回家后，她假装什么也不知道，问堂妹去哪了。堂妹很淡定地说出去跑步了。接下来的事让她彻底伤心了。堂妹说："姐，我没钱充话费了，你给我充一百块钱话费吧！"

她很生气，忍不住说出了真相："我刚才明明看见你在吃烧烤！你有钱吃烧烤，为什么就不给自己充个话费呢？"

堂妹愣了一下，瞬间就气势汹汹起来："我吃点儿烧烤怎么了！我来了这么久，你请我出去吃过饭吗？给我买过一件衣服吗？大大方方地给过我钱吗？我吃点烧烤犒劳自己，就犯了天大的罪吗？"

堂妹朝她喊完，摔门而去。于是，就有了后面的情节。

姑娘哭着说："我是不是错了？我也想请堂妹出去吃饭，可是出去吃一顿够我们一个星期的伙食费了；我也想给她买衣服，可是，便宜的衣服她肯定看不上，贵的我又买不起，只好把自己的好衣服都拿给她穿；我也想很大方地给她很多钱，可是我没钱，我只是个小小的打工族……"

我听不下去了，打断她："够了姑娘，你根本就没有错，是你的堂妹太贪婪。哦不，你也有错，你错在不该一直纵容她，换了是别人，早在她找到工作后还不交伙食费不交房租时，就轰她出门了，哪里还轮得到她今天玩儿离家出走！”

女孩惊愕地看着我，很显然，她的价值观刚刚得到一次全新的洗礼。

我为什么说这位姑娘做错了呢？原因很简单：

不知感恩又贪婪无度的人，就像一条饥肠辘辘的狗，你以为给他一块骨头就是帮了他大忙，其实，那恰好勾起了他的贪欲，接下来，他不把你连骨头吞了是不会罢休的。引一条恶狗入室，这是多么危险的一件事啊！

但是，很多人正在做这种危险的事。为什么那么多人都要纵容别人的贪婪，原因不外乎以下几种：

第一，只是帮对方一个小忙，做一点小小的付出。

请求总是从帮最小的忙开始的，没有人会张口就跟你要套房子要辆车子。对于那些小小的请求，我们一般都会给予满足，毕竟小小的付出一般人都能承受。

如果遇见正常的人，这当然是没问题的，我也提倡“如果人人都献出一点爱，世界将变成美好的人间”。但是注意了，有一个词叫作“得寸进尺”，就是专门用来形容那些占了小便宜又想占大便宜，占了大便宜还想占很多很多大便宜的人的，要擦亮眼睛区分。

就像这位姑娘和她的堂妹，看起来，她们之间都是些十分微小的付出与索取，在一般人看来，可能这根本不算什么。可是，如果你了解一个年轻姑娘独身在外的窘迫，就不会觉得她的付出算不了什么，不管在其他人看来多么微不足道，至少对她来说，已经竭尽所能了。而她的堂妹，也在竭尽所能地向她索取。这恰恰是姑娘一开始就没有设置付出界限的结果。堂妹初来乍到，她照顾一下是没错，但是不能觉得、更不能让堂妹觉得，她做这一切都是理所当然的，甚至是义不容辞的责任。尤其不应该任由堂妹从小的索取开始，发展成索取成为一种习惯。要知道，人的贪婪也是会膨胀的。

第二，人都有感恩之心，对别人付出了，就一定会换来感激，而不是得寸进尺的索取。

其实，付出和感激之间不存在必然的因果关系。人们是否感激别人的付出，取决于对方是否有感恩之心，以及付出的频率。举例来说，你总是对一个人付出，那你的付出注定是没什么价值的，会被当作简单的、理所当然的，对方会想要得到更多，永不满足。反过来，若你很少付出，偶尔付出一次，对方就会万分感激，觉得你的付出是雪中送炭，特别珍惜，也特别容易满足。所以，想让你的付出受到尊重，得到珍惜，就不要无限制地付出。

第三，只有自己能帮助对方，拒绝的话对方就走投无路了。

越狡猾的人，就越懂得抓住对方的心理，然后加以利用，用语言去打动别人，因为语言是毫无成本的。有些人被人称为“救命稻草”，就真的以为没有他对方就会淹死，于是责无旁贷地为别人服务。其实，这恰好中了对方的圈套。

如果你遇到有人求救，不管周围有多少其他人，我都建议你打个报警电话。但是，对于一些你无法做到的事情，又无关性命的，还是请对方自己想办法吧，他不是只认识你一个人，你也不是万能的救世主。

第四，拒绝对方会伤对方的感情，破坏彼此的关系，将失去这个人。

对拒绝别人感到难为情，担心因为拒绝而让对方伤心或生气，从而失去一位朋友，这是大部分人不敢拒绝别人的原因。

但是，跟一个连别人的拒绝都接受不了、遭到拒绝就翻脸的人，还谈什么感情？对你有感情的人，早就考虑到你的难处，不会轻易开口。开了口，也会主动为你铺好台阶：如果感到为难，就直接告诉我，没关系的，我再另想办法好了。只有那些不为你着想的人，才会一而再、再而三地给你制造困扰。这样的人，失去了也并不可惜。

第五，害怕因为拒绝对方而导致矛盾和冲突，想偷懒选择更省事的方法。

性格软弱的人常常会不由自主地对那些脾气暴躁、心胸狭窄的人屈服、顺从他们的意志，哪怕是损害自己的利益，哪怕是明知在遭受剥削。为什么？就是因为内心害怕冲突，抗拒处理矛盾。相比处理矛盾，他们觉得顺从对方意志、做出牺牲更省事。

但是，人与人之间怎么可能永远没有矛盾呢？有些矛盾激化成冲突，是不可避免的趋势，并不是任何事都能大事化小、小事化了的，鸵鸟心态只能让自己永远都处于劣势。相反的，直面矛盾并去解决它，才能避免下一次的矛盾。

所以，一旦发现有人总在对你提要求、求索取，那基本上可以判断，对方是一个贪婪的人。如果不幸遇到这种人，要立即抛掉以上的各种心理和想法，控制自己的付出，让对方清楚你的原则和底线，否则，你越到后面越无法开口拒绝。

记住，贪婪是永远喂不饱的恶狗。如果你一开始给了它一块骨头，它就会期待一块肉，你给了它一块肉，它就会想要整头猪。将自己有限的生命浪费在别人无限的欲望和要求上，对你的生命来说，将是最大的浪费。

2. 对于不尊重你的人，何必给他机会来恶心你

导读：换一种方式对待自己，拿讨好别人的精力好好地取悦自己，你所获得的快乐，要真实得多。

我认识一位包子姑娘。我之所以叫她包子姑娘，是因为她是一个不折不扣的受气包。

包子姑娘有个闺蜜，不过在我看来，她的闺蜜更像小姐，而她是丫鬟，典型的主仆模式。

包子姑娘有份不算好也不算坏的工作，闺蜜则靠家人帮忙进了一个国企。闺蜜的优越感像喝了膨大剂，无限膨胀开来，不但自我感觉很好，还动不动就鄙视包子姑娘的工作，肆无忌惮地贬损她：

“你那工作也能叫工作？充其量就是个打杂的。”

“挣那点工资，你居然还没饿死，真是地球上的一大奇迹啊！”

“一份破工作犯得着那么认真对待吗？这种工作满地都是，人家都懒得捡，只有你才当它是宝。”

包子姑娘怎么办？忍呗，谁让自己的工作不如闺蜜的。在闺蜜面前，

她的确感觉矮人一截、气短三分。

闺蜜对包子姑娘的穿着打扮也是无论如何都看不上。包子姑娘的衣服，不是被她说成是“村姑装”，就是被她嘲笑是“淘宝爆款”。包子姑娘难得化个妆，被闺蜜看见了，一定会从眼线到唇膏都批判一番。可是，包子姑娘五官秀气，衣着朴素自然，看着挺顺眼的，真没那么多值得挑剔的地方。

被闺蜜说多了，包子姑娘都懒得买新衣服了，她觉得自己反正是既没长相又没品位，穿什么都一样，不如不要浪费钱。决定破罐子破摔的包子姑娘真的越来越不在乎形象了。一个人一旦从内心丧失了自信，一般会走向两个极端，一是过度在意自己的外形，二是放弃自己的形象，而包子姑娘是后者。

包子姑娘有个男朋友，是个农村出来的有志青年，只不过尚处于“少年穷”阶段，没房、没车，但节俭勤奋，努力工作，努力存钱，而且人很老实，包子姑娘挺喜欢的。闺蜜却不这样认为，在她眼里，包子姑娘的男朋友出身穷、起点低、太老实，不会赚大钱，肯定会穷一辈子。而且他还不懂浪漫，连句甜言蜜语都不会说，闺蜜认定包子姑娘要是跟他在一起，会一辈子过着枯燥无味的生活。每次包子姑娘的男朋友请她和闺蜜吃饭，闺蜜事后一定会抱怨一通，不是嫌餐厅没档次，就是说菜不是人吃的，再顺带嘲讽一番包子姑娘的择偶眼光。包子姑娘尴尬无比，后来就不敢让闺蜜见男朋友了。

不仅男朋友，连包子姑娘的父母也难以逃脱闺蜜的毒舌。闺蜜总是毫不顾忌地对包子姑娘说，都怪你的父母年轻时不努力，没给你好的生活条件和艺术修养，才导致你找不到一份好工作，品位也那么差，找男朋友还得屈就于一个山窝里出来的穷小子。包子姑娘最无法忍受的就是别人说她父母的不好，她知道他们养育她有多辛苦，多尽心尽力。可是，这是她的闺蜜啊，她也没办法，只好在心里生闷气。

我问包子姑娘："你为什么不生气？为什么不表现出你的愤怒？她根本不尊重你，为什么还要跟她做朋友？"

她很没出息地说："我朋友很少的，她是我唯一的闺蜜，我不想失去她。"

我目瞪口呆。

更令我痛心的是，我遇见的"包子姑娘"远不止这一个。在这个世界上，有很多"包子姑娘"，她们软弱、自卑、逆来顺受、委曲求全，默默忍受别人的嘲讽与奚落。为什么世界上会出现那么多"包子姑娘"？

都是因为孤独。

我们每个人，都是孤独的个体，尤其是那些性格内向、不擅交际的人，因为朋友比较少，特别容易感到孤独。有些人学会了与自己的孤独融洽相处，更多的人则抗拒孤独。为了避免形单影只，只好拼命地留住为数不多的朋友、玩伴。因为太害怕失去，有时候难免会做出一些不理智的行为，比如：为了他人放弃自己的正当利益，为了他人放弃自己的意志，为了他人放弃自尊，甚至为了他人放弃生命。结果呢，不但没有留住他人，反而丢失了自我。

所以，面对那些不尊重我们的人，我们的处理方式应该这样：

第一，不必过度担心失去对方，更无须为了挽留对方而失去自我。

以包子姑娘为例，既然她在闺蜜心中没能力、没品位、没眼光、没前途，简言之，就是一无是处，闺蜜根本看不上她，那为什么还要跟包子姑娘继续做朋友，或者说，继续假装是朋友？因为闺蜜每天打击、嘲笑、侮辱包子姑娘，能让自己的优越感得以展现，她可以从中得到满足。而在其他人身上，她无法获得这种满足感，在这个世界上，除了包子姑娘，没有谁会允许她这样肆无忌惮地恶心自己。所以相比起来，她比包子姑娘更不愿意失去对方。

同理，一个不懂得尊重别人的人，是很难有好人缘的。所以好脾气的“包子姑娘”们，假如遇见了一个不懂得尊重你的人，那就主动远离他吧，去跟一些懂得尊重人的人做朋友，你会轻松舒适得多，也会快乐得多。

而且，你真的以为任由别人侮辱就能留住对方吗？我只能说你的想法太天真了。越尊重你的人，就会越珍惜你，只有那些不把你当回事的人，才会随意侮辱你。

第二，应该主动“失去”那些不懂得尊重自己的人，别再给对方机会继续恶心你。

正所谓：“天作孽，尤可为；自作孽，不可活。”其实，被人一次次地侮辱、轻视，跟自己有很大关系。假如对方在第一次不尊重你的时候，你就拒绝，而不是忍受，就不会有后来的无数次。在对方看来，你的沉默和忍受，都是对他行为的默许，这无形中也纵容了他的放肆。毕竟对一些低素质群体来说，侮辱别人不是一个错误，而是一件挺刺激的事。

这样的人，失去了是你的福气，你应该做的，不是小心翼翼留住，而是想方设法地失去。

至于怎么失去，我的建议是有多远离多远，我们虽然不能用同样不尊重人的方式对待对方，但可以态度冷淡一点、强硬一点，让对方明确你的态度。比如，在遭受与到包子姑娘类似的轻视时，就可以这样回应：

对方说：“你的工作太没价值了！”

你可以答：“能通过劳动养活自己，这就是工作的价值。”

对方说：“你穿这件衣服真难看！”

你可以答：“我觉得挺好的，我穿衣不是为了取悦别人，尤其不是取悦你。”

对方说：“你男朋友真没出息！”

你可以答：“我不喜欢别人简单粗暴地评论我的男朋友，事实上，我觉得连我都没有资格对他简单地下定论，因为那是对他的不尊重。”

对方：“你父母真没本事！”

你可以答：“我没见过没本事的父母，但我见过有本事的父母生出了没本事的孩子。”

……这样的不卑不亢，必然会让对方知趣地闭嘴。

最后提醒“包子姑娘”们，交朋友要擦亮眼睛，别招惹那些根本看不上你的人。

我们为什么要交朋友？不就是为了高兴时有人分享，不高兴时有人安慰吗？不就是为了能够开心地玩耍、愉快地交谈、融洽地相处吗？

一个天天只知道打击你、贬损你、打心里瞧不起你的朋友，除了打击你的自信、破坏你的心情，再没有别的作用了。所以，不论多么孤独，都不要与这样的人为伍。毕竟，比孤独更可怕的是跟一个总恶心你的人在一起，你会越发感到孤独。换一种方式对待自己，拿讨好别人的精力好好地取悦自己，你所获得的快乐要真实得多。

3. 你不必讨好全世界，而委屈了自己

导读：一个人越是努力讨好别人，就越不被珍惜，不被尊重。

有位学生的家长，每次带孩子来我家上课，都要给我带礼物。我越是推拒，她越是忐忑不安。我知道，她是担心我不收礼就不对孩子负责，不好好上课。为了让她安心，我只好收下礼物，然后不停地变着方式回赠她，有时候是给孩子买些书，有时候送份小礼物给她。

我猜她是一个总是认真对待别人、却很少被认真对待的人，对于我的回赠，她表现得感激涕零。可是在我看来，这是再正常不过的礼尚往来。我并不是免费给孩子上课，我付出时间和知识，她付出金钱，这是很合理的。最重要的是，既然接收了一个孩子，不管家长的态度怎么样，都不会影响到我对孩子的责任心。这是一个人的基本职业道德，即使只是一份兼差。

接触得多了，她可能发现我是一个比较好相处的人，我也喜欢她不挑剔的性格，我们渐渐成了朋友。可是，越是深入接触，她的一些问题越是

暴露出来。我终于明白她为什么对我那么毕恭毕敬了，原来，她对所有人都这样，她根本就是一个习惯讨好所有人的取悦症患者。

比如：

她每天都要提前打电话询问她老公晚餐想吃什么，然后按照老公的喜好准备饭菜。吃完饭，她还会问老公对她的厨艺有没有什么不满的地方，她一定会努力改进。

来接孩子的时候，偶尔迟到了几分钟，她会表现得非常抱歉，承诺带孩子去买玩具买零食以作补偿。她还会担心耽误了我几分钟时间我会不高兴，一边道歉一边偷偷地观察我的表情，明显是担心我因此对她和孩子感到不满。

星期天，她通常比往常更累，因为要熬夜做家务，把白天的时间空出来陪老公孩子，给家人做丰盛的晚餐犒劳他们一周的工作和学习。其实她自己也工作了一周，是最需要休息和犒劳的那个人。

有一次她公公婆婆来了，她更忙了，每天抢着把家务做完，下班回来还得按照全家人的口味做菜，小心翼翼地看婆婆的脸色，生怕婆婆对她有半点不满。

即便如此，她还是得不到大家的赞赏。老公对她做的菜挑三拣四，儿子总嫌她买的东西不够好，婆婆责怪她伺候不周。

她沮丧地问我："我真的那么糟糕吗？为什么我做什么大家都不满意？我难道注定是一个得不到大家喜欢的人？"

我很奇怪："何出此言？"

她告诉我，小时候她做什么她父母都不满意。

考了第五名，她妈问她为什么没考进前三。考了第三名，她妈又说明明就快要到第一了，怎么不再努把力。可是她无论怎么努力都得不到第一，她知道妈妈对她很失望，放学后就主动帮妈妈做家务，但是每次都被妈妈嫌弃家务没做好。

有一次，她因为给爸爸买错了烟，被一巴掌扇到地上。她爸骂她：“这点事都做不好，要你有什么用？还不如当初就扔进垃圾桶！”后来她才知道，因为她是个女孩，刚出生就差点被扔掉。从此以后，她最恐惧的事情就是被父母抛弃，于是她拼命地讨好父母，每天都在小心翼翼地看他们的脸色，生怕他们哪天不高兴了真的抛弃她。就连高考填志愿、婚前选老公，她都不敢自己做主，完全顺从父母的安排。

结婚生子后，她有了新的担忧，怕被老公抛弃，怕被婆家嫌弃，怕被孩子疏远，于是又开始了新一轮的讨好。

可以想象，她在公司对上司和同事必定也是处处讨好、小心应对。一个习惯讨好他人的人，是会情不自禁对所有人谄媚的，就像奴隶面对奴隶主，下跪是一种本能反应。

被他人认可原本是人天生的欲望，无可厚非。可是，如果发展到偏执和强迫的地步，那就是病了：想得到全世界的认可，想获得所有人喜欢，觉得不被认可就是人生的灾难。其实，真正的灾难正是从这里开始的。因为讨好别人以求获得认可，真的是个无底洞，让人忍不住拼命去填。然而并没有什么效果。

首先，讨好他人，不会改变他人对自己的看法和态度，也不会因此获得认可。

习惯讨好他人的人，思维模式是这样的：讨好他人能让自己免遭刻薄对待，努力让别人喜欢自己就不会被抛弃。

在行为上，他们会努力顺从别人的意志，满足别人的要求，对别人的指令照单全收，即使是违背自己的意志，他们也绝不会说“不”。因为他们害怕说“不”，会为自己招来最恐怖的后果——被否定，被抛弃。

可是，人的本性就是欺软怕硬的，一个人越软弱，别人就越肆无忌惮地践踏，然后毫不留恋地抛弃。一个人越是努力讨好别人，就越不被珍惜、不被尊重。奴隶对奴隶主难道还不够卑躬屈膝吗？可是，有哪位奴隶是通过讨好奴隶主换来自由和平等的？历史是最具有借鉴价值的。

其次，讨好他人，并不能体现自己的能力和价值。

一个人的无能，并不体现在无法达到别人的要求上，同样的，一个人的能干也不能通过满足别人来证明。一个真正有能力的人，首先应该照顾好自己，给自己带来愉悦的感受和美好的生活。在此基础上，才有能力去为别人做一些力所能及的事。而且，绝不是以讨好的姿态去服务别人。

免费为他人服务等于自我贬值，做得越多，贬值就越厉害，当贬到一文不值的时候，就意味着对别人不再有帮助、不再具备利用价值，接下来，就会像废品一样被扔进垃圾桶。

最后，讨好他人，无法让自己真正快乐。

一个习惯讨好的人，会把别人对自己的满意度看得特别重要，为此，他们甘愿付出一切代价。可是，当同时要满足很多人的需求时，就难免顾此失彼了，在分身乏术中，他们总害怕遭到某些人的否定，甚至害怕谁都满足不了，让自己成为众矢之的。

另外，为了努力表现自己的“好”，他们不允许自己对他人有任何消极情感，因为他们认为对别人不满，也会引起别人对自己的“不满”。但是消极情感是人类的固有部分，是人就会有消极情感，如果受到过度压抑，就会令自己感到焦虑、沮丧和恐慌。

所以，一味讨好他人，让别人开心，最后可能会把害怕、焦虑、沮丧、恐惧等消极情感留给自己，在这些情感的包围下，属于自己的开心早就荡然无存。就算战战兢兢地保住了全世界，这个世界并不能给你带来快乐，又有什么意义?

反过来看，不讨好他人，世界也不会崩塌，因为你就是自己的全世界；不满足他人，人生不会孤独，因为世界上总有一个人是不需要通过满足他才会爱你的；不那么无私地爱他人，你也不会孤独终老，会爱自己的人是永远不会感到孤独的。

4. 太容易失去的，说明根本不属于你

导读：太容易失去的一个人，说明他根本就不属于你，相比被他虚耗青春、耽误前程，难道不应该感谢他的提早离场吗?

我朋友果果失恋了。失恋当然不是什么稀奇事，但发生在果果身上，就有点稀奇。因为，她完全是贤妻良母的范本，是很多男人心目中的理想妻子。

而且，果果对她男朋友特别好。

他们是大学同学。她男朋友家里穷，上大学的学费是借的，生活费自然也没多少。他自尊心又特别强，不肯申请贫困生补助，成绩不够好，拿不到奖学金，果果就把自己的伙食费分给他一大半，然后扛回成箱的泡面，吃得面黄肌瘦。她从来不买水果和零食，不买衣服，一个学期都不逛一次街，怕一时冲动花钱，她这样做，就是为了多省点钱补贴男朋友。

毕业后，男朋友找工作高不成低不就，好几个月都没找到令他满意的工作，全靠果果那点微薄的工资度日。果果一个职场新人，不像别人那样赶紧提升形象，还成天穿着已经旧得掉色的学生装，没少受女同事的白

眼。可是她不在乎，她要把钱省下来给男朋友买西装、买皮鞋，把一个无业游民装扮成职场精英，就是为了不让他出去面试时感到自卑。

后来，男朋友找到工作了，可是在异地。她虽然很不愿意与他分开，为了他的前途，她还是真心地支持他，并且自己出钱为男朋友购置新的床上用品，只因他觉得带着被子乘火车很没面子。

果果打死也不会想到，自己花掉半个月的工资为男朋友布置的床，成了他跟别人偷情的温床。当她看到“小三”发过来的挑衅照片时，她被刺得眼睛都睁不开。照片中，男朋友和“小三”相拥躺在床上，她亲手挑选的床单被蹂躏得丑陋不堪，却仍然傲娇地看她的笑话。是啊，相比起来，她比床单更可笑、可悲，毕竟床单没有被背叛、被抛弃，床单还有价值，她却成了男朋友正在想方设法甩掉的一块“抹布”。

果果不甘心，跑去跟“小三”吵架，大闹一场，结果惨败而归。然后她就死心了。不是她打不过小三才被迫死心，而是她的心死了，她死心了。

从硬实力来讲，小三是打不过她的。她虽然苗条，但个子高，力气也大，往弱不禁风的小三面前一站，占有绝对优势。然而，出乎她意料的是，小三会哭，才交手几个回合，小三就小嘴一瘪、眼泪一流，梨花带雨地躲到渣男身后去了。结果，令人意想不到的一幕发生了：渣男冲过来就打了果果两巴掌，一把将她推倒，回头护着小三说：“谁伤害她我跟谁急！”

她呆呆地坐在地上，想起当年为了给他凑学费，在KTV打工时被顾客调戏，回家后委屈地跟他哭诉，他都只是无奈地说：“那种地方咱不去了。”还有一次，她跟合租的一对情侣发生争执，他也只是劝她息事宁人。可是，为了小三，他却毫不念旧情地出手打她。

那一刻她突然明白，这个男人不爱她了，或许，他从来就没有爱过她。她突然觉得自己的行为很可笑，为了抢一个不爱自己的男人，跟一个女生大打出手，在大庭广众之下丢人现眼，她自己都看不起自己。

她默默地站了起来，整理好衣服和头发，擦干眼泪，看都没再看男朋友一眼，模样狼狈但姿态潇洒地走了。

然后，果果有两年的时间没在朋友圈露面，也不跟朋友联系。我担心她想不开，悄悄去看过她几次，确定她没有极端倾向才放心。我想，时间会慢慢帮她修复伤口的吧，毕竟这种事除了自己遗忘，别人也无能为力。

可是，我错了！果果并没有忙着遗忘渣男，而是忙着新生。

在过去的两年里，果果努力工作，仍然拼命存钱，可是她存钱不再是为了别人，而是为自己。她用存下的钱报了播音主持培训班。当电台主播一直是她的梦想，她的声音也完全具备那个条件，本来大学时就想去培训，为了省钱给男朋友，她放弃了自己的梦想。甩掉“渣男”那个经济包袱后，她反而有机会重拾梦想了。

后来，果果凭借实力进入一个市级电台。作为新人的她，把全部的精力都放在工作上，在竞争激烈的职场拼出一条血路，得到了领导的认可，为她打造了一个全新的栏目。栏目一炮走红，现在，果果已经是一名小有名气的电台主播。这是别人抢不走的软实力。

有一次聊天，果果感叹说：“说来还得感谢他，没有他那两耳光，我怎么会知道他并不爱我；他不背叛我，也许我就那样稀里糊涂地跟他结婚，为他奉献一辈子了。我唯一的遗憾就是当初没还他两耳光，当时真是太窝囊了！”

我说：“你能这样想，真是令人刮目相看！你应该被制成励志标本，让那些在爱情上跌了跟头就痛不欲生、自暴自弃的姑娘看看，女生失恋后可以活得多么洒脱、多么漂亮！”

果果说：“我当然要活得漂亮！为了一个根本不属于我的男人浪费那

么多年时间，本来就已经是个巨大损失，如果我还不及时止损，我的人生迟早会血本无归。”

这样的果果让我觉得魅力十足，比当初那个一味奉献的女生动人多了！

相比而言，有些女生的表现就不够洒脱大气，她们会在失恋后玩颓废、闹情绪、自暴自弃，甚至跑到男生面前求情示弱、要死要活。可是，如果这样有用，世界上就没那么多痴男怨女了，只要哭一哭、闹一闹，不都大团圆了吗？事实是，这样不但不能挽回他，还会让他想更快地远离你。

而女生们之所以要这样，未必都是爱得死去活来，恐怕更多的还是不甘心。不甘心自己的付出没有回报，不愿意面对恋爱的失败，接受不了失去恋人的现实，不敢勇敢面对痛苦。

可是，太容易失去的一个人，说明他根本就不属于你，相比被他虚耗青春、耽误前程，难道不应该感谢他的提早离场吗？他就是你生命里的恶性肿瘤，越早切除越好，千万别迟疑，也别惋惜。

而一个真正属于你的男人是怎样的呢？一个属于你的男人，你无须防范他出轨，不用担心他逃跑，也根本不用费尽心思取悦他，甚至你想赶也赶不走他。在他面前，你不用患得患失，不用卑躬屈膝，不用过度付出，不用装模作样，你只需要坦坦荡荡地做自己，活出自己的姿态，对他来说，那就是最好的你。

5. 你什么时候才能为自己活

导读：某些时候，人其实就像人民币，价值越高，就越被重视。

我有个邻居，是一位四十来岁的大姐，人特别好，却也特别无趣。她无趣到什么程度呢？每次遇到我，不是跟我聊她老公，就是聊她儿子，要么就是聊老公和儿子。对她来说，老公和儿子是世界上最可爱的人，最无聊的事发生在他们身上也会变得妙趣横生。可对我来说，无趣就是无趣。况且，别人的老公和儿子我根本不感兴趣，我每天忙着做自己的事，即使是自己的老公和孩子都没时间谈论，哪还有闲工夫谈论别人的老公喜欢吃什么、儿子讨厌玩什么！

因此，每次见了她，我都是尽量打个招呼就立即走开，不给她机会与我畅聊她老公和儿子。

你一定以为她是个备受家人爱护的贤妻良母吧？贤妻良母她倒是可以沾边，备受爱护那可真是不敢苟同。有一次，我亲眼见到她老公在电梯门口当着其他人对她大吼大叫，她儿子对她说话的语气还不如公子哥儿使唤保姆呢！

说实话我都暗暗替她捏把汗，她在那些“最可爱的人”眼里，可能是最不可爱的。一个最不可爱的人，处境是最危险的。

果然，终于有一天，她红着眼睛敲开了我家的门，对着我这个只有点头之交的邻居哭诉了一个下午。原来，她老公出轨了，要跟她离婚，态度坚决得丝毫不念旧情。儿子逃学、打架，甚至还偷东西，要零花钱遭到拒绝就恶言恶语辱骂她，完全不把她当母亲来尊重。

或许是我见惯了人间冷暖，对于这样的事，向来觉得不稀奇。生活中类似的情形并不少见。不是我站着说话不腰疼，而是我觉得这不是小事，却也算不得天塌了的事。

可对邻居大姐来说，显然是天塌地陷，整个世界都崩溃了，不然她也不会像祥林嫂一样拉着我一遍又一遍问我怎么办。她说：“你不是情感专家吗？你快救救我啊！没有了老公和儿子我真的没法活了！”

我很尴尬，因为我对她来说，很可能是个“砖家”。她需要的是如何挽回老公、培养出“乖乖崽”的神机妙法，而我恰恰常给人支的都是踢掉渣男、收拾熊孩子的损招。同为女人，我们对待问题的方式可以说是南辕北辙。

不过，我毕竟做不到面对一个女人悲苦的眼泪无动于衷，只好尽量耐心地听她哭诉，一边劝慰，一边跟她分析了问题所在和解决方向。我是这样跟她总结的：

首先，出轨是老公不对，儿子的行为也有问题，但那是他们的问题，不是你的错。

很多女人跟我的邻居大姐一样，往往把老公的问题归结为自己的错，孩子的问题算成是自己的账，觉得一切都是自己的错，所有不良后果都是自己一手造成的。然后，她们惭愧、自责，甚至自虐。我觉得这不是在理智地问责，而是纯粹为别人的错误买单。

诚然，作为夫妻关系和亲子关系中的一分子，对方的问题跟自己不无关系，但无论如何，负主要责任的那个人应该是犯错方，而不是在这个事情中被连带损失的另一方。

举个最简单的例子：一个女人出门散步遭到强暴，却被施暴者指责穿得太暴露勾引他犯罪。意思就是说，她穿得暴露就是有罪，活该被强暴，而作为施暴者只是被逼无奈犯了个错？请原谅我的智商无法理解这样的逻辑！我的情商也不允许我接受这样的歪理！

同样的，一个男人出轨了，不管出于什么理由，出轨的本质就是对爱情和家庭的背叛，为什么身为受害一方的妻子要跳出来为丈夫的错误买单？

孩子的问题也是一样的。身为母亲和监护人，要对孩子的所有行为负责是没错，但负责不代表包揽一切错误吧？一个包揽孩子所有错误、原谅任何过错的母亲，真的是一个好母亲吗？我觉得未必。至少，她没有教会孩子为自己的错误承担后果，也没有让孩子认识到犯错是要付出代价的。

为别人的错误苛责自己，是最愚蠢无用的行为，别人既不会感激，也不会改错，唯一的用处就是把自己逼到死角。

其次，即使没了老公，儿子不学好，也不能代表你的未来没有希望了。

不论是爱情、家庭还是孩子，都只是人生中的一部分，他们可以代表过去的幸福、眼前的欢乐，却绝不应该是一个女人未来的所有希望。同样的，失去了他们，也不代表未来就没有希望。不然，那些离婚妇女，孩子不学好的妈妈，岂不是活着毫无意义了，没有希望了，活着只是消耗粮食了吗？可明明还有那么多人在好好地活着，活得漂漂亮亮的。

所以，一个人不管是男人还是女人，都应该拥有对未来的坚定信仰和美好希冀，具备为自己创造更好人生的能力，而不是把希望寄托在别人身上，希望别人怎么样，然后自己才能怎么样。这样在遇到挫折的时候，起码不会绝望，尤其是不会担心被抛弃。

最后，你得学会为自己活，重建自己的世界——一个不会因为别人做了什么就轻易崩塌的世界。

这一点，才是重点。

邻居大姐和很多女人一样，把老公和儿子当作她的整个世界，以他们的喜怒哀乐为自己的喜怒哀乐，以他们的荣辱为自己的荣辱，她完全是在为老公和儿子而活，而不是为了她自己。

可是，别人的世界再精彩，终究是别人的，就像美丽的海市蜃楼一般靠不住。一旦别人出了任何问题，都可能导致她的世界崩塌。这是一种异常危险的生存状态，生活在这种状态中的人，内心很难拥有安全感。

最安全的办法，就是把命运掌握在自己手中。

老公出轨、要离婚？作为女人和妻子，当然会伤心难过，毕竟爱情没了，家也要散，这对一个以感情和家庭为重的女人来说是个不小的打击。

但假如换个思维来看问题，你会发现离开的是一个不再爱你的男人，终结的是貌合神离的婚姻，散的是一个不再幸福温暖的家，这未尝不是好事！人生那么短暂，我们值得拥有最幸福的一生。未来那么漫长，任何对生活的将就都是对生命的浪费。所以，当生活发生变故，女人要做的不是停留在原地一味地悲伤，而是尽可能快地走出阴霾、继续前行、寻找幸福。

孩子不学好、不尊重你？那也不是你的问题，更不是你的失败。你不需要做一个充满歉疚感的母亲，永远为孩子的错误买单。与其唯唯诺诺地任凭孩子向你撒野，不如坦然地告诉他：“你得为自己的人生负责，我生了你，不代表我就从此欠了你，更不表示我就得是你撒野、耍横的对象。从今天开始我也只对自己的人生负责，我也有人生追求，也有属于自己的独特价值，而不仅仅是你的母亲。如果你决定继续糟蹋你的人生，请你不要把责任推给我！”

总之，不管是母亲也好，监护人也好，首先是人，有获得尊重的权利。如果你不要求你的孩子尊重你，那他永远也学不会尊重别人。如果你不让孩子明白他得为自己的人生负责，他也许一辈子都只能依赖于别人生活。

我不知道最后邻居大姐有没有采纳我的建议、执行得怎么样。但我相信，很多正在为别人而活的女人已经受到启发，正在积极地改变自己的处境。

说到底，不管你现在处于什么身份、什么年龄，首先应该考虑自己的需求和感受，规划好自己的人生。

总把别人的需求摆在第一位，压抑自己的需求，久而久之，就彻底忽略了自己的需求，然后自己的人生渐渐淡出直到消失，这样你就彻底失去了自我。一个失去自我的人，就像影子，是最容易被别人忽略和丢弃的。

因此，你越是不想失去，越要抓住自己，把自己的价值凸显出来。人其实就像人民币，价值越高，就越被重视。百元大钞掉在地上会有很多人趋之若鹜，而假如换成一元硬币，则大部分人都不会弯腰。为什么？价值高低不同而已。

记住，你原本应该更有价值，也配得上更好的人生，前提是你得为自己活，活出自己的样子。

6. 低眉顺眼，挽留不住要走的男人

导读：抬头挺胸的女人永远比低眉顺眼的女人更有魅力，与其放弃自尊留住男人，不如提升魅力吸引男人。

当小A打电话给我哭诉“她离婚了”的时候，我心里想的却是：你终于离婚了！

不是我幸灾乐祸，而是小A这婚早就该离了。为什么这么说？

小A跟她老公小D，或许应该叫前夫了，他们是大学时开始谈恋爱的。校园里的恋情也不一定都是因为爱情，有一些校园恋情也不过是青春期男女荷尔蒙旺盛的产物。小A和小D就是因荷尔蒙过于旺盛而在一起的一对。

没想到后来小A身心俱陷，用她的话说是无法抑制地爱上了他。可惜小D只付出身体不付出感情，大学里三年恋爱，始终对小A若即若离，既不离开小A，也不见得就是离不开她，更没真心实意对小A好过。就这样，小A还是受宠若惊，面对好友对小D的质疑，她每次都为他辩护：“至少他离不开我的身体啊，我觉得这就是爱，一个男生如果不爱一个女生，又怎么会迷恋她的身体呢！”好友们只能摇头叹息，对她的不理智感到无可

奈何。

果然，毕业的时候小D打算趁机甩掉小A，从她的人生里消失。可惜他低估了小A。小D前脚刚悄悄地收拾完行李离开学校，小A后脚就打听到了他的地址，直接拎着行李跟了过去，住进了小D新租的房子里，还很快在他工作的城市找到了工作。小D没办法，只好继续不咸不淡地对待小A，一边在暗暗想办法摆脱她。

不过小D的如意算盘打错了，还没等到他想出办法，小A已经拿着医院的早孕检验单，直接到他父母跟前，来了一通“一哭二闹三上吊”。小D的父母是那种传统又正直的人，坚决要求儿子负责任。于是，小D在父母的威逼下，不情不愿地跟小A领了结婚证。

小A自知这个逼婚手段不够光明磊落，又真的十分爱小D，结婚后对他言听计从，辞职在家养胎的同时，当起了小D的保姆，把他伺候得衣来伸手、饭来张口。

有一次，我去小A家吃饭，小D嫌某个菜咸了，也不顾有其他人在场，吹眉瞪眼地就对小A一通数落。小A连连道歉，挺着大肚子要去厨房重炒一个，我拉都拉不住。直到小D下了特赦令：“不用炒了，坐下吃吧！”小A才感恩戴德地坐下吃饭。

说实话，那顿饭真让我倒胃口，为小D的态度，更为小A的态度。小D固然是讨人厌，可是小A的自轻自贱，更让人火冒三丈。甚至可以说，小D的坏脾气和恶劣态度，很大程度上就是小A放弃自尊、对他低眉顺眼的结果。她牺牲自己的自尊和自我，喂养出一个根本不把她当人看的丈夫，目的只是留住他继续统治她的人格。这还不够可悲可恨吗？

男权社会的三从四德、三纲五常，给了一些女人极大启示，她们觉得自己找到了掌控男人的新方法，那就是低眉顺眼地取悦男人，让男人的大男子主义思想和欲望得到充分满足，以期盼不被抛弃。在家庭中，她们事事顺从、讨好，以满足男人的需求为第一要务，把伺候男人当作终生事业。她们没有自己的主见，甚至对任何事都不敢发表自己的意见，只知道附和，偶尔有异议，也只会默默地吞进肚子里，表面上依旧是顺从的样子。她们甚至为自己的顺从沾沾自喜，觉得这样一个贤惠柔顺的女人，男人无论如何也找不出理由离开她们。

可是，她们真的能如愿吗？至少，小A是失败了。据说小D为了跟她离婚，情愿与父母翻脸，情愿净身出户，最后毫不留情地扬长而去。

后来我才知道，小A小时候非常不受父母喜欢，他们经常扬言要把她送人。在童年的小A心里，早已埋下被抛弃的恐惧，以至于在后来的恋爱和婚姻中，这种恐惧始终笼罩着她。为了不被抛弃，小时候的小A拼命顺从父母，嫁人后的小A拼命顺从丈夫。

童年时期来自最亲近之人情感上和精神上的虐待，成为一个人一生中最黑暗的噩梦。幼小的孩子太害怕被抛弃，于是努力讨好大人，即使这样，被抛弃的噩梦还是会纠缠他们一生。

然而事实证明，顺从并不能换来爱，也不能留住任何人，甚至可能让对方觉得你没有思想、毫无主见。而过度的讨好，就像一只宠物狗整天围着主人讨好乞怜，那种毫无尊严的姿态，会让人不舒服，从而加快离开的速度。

你把自己活成了一个木偶，听凭男人的摆布。可是，并不是所有男人都热衷于操纵女人，一个价值观正常的男人，迟早会对一个毫无主见、毫无自尊的女人产生厌烦。一个只能按照别人的意志和指令活着的人，一个只会以别人的悲喜为悲喜的人，会极度缺乏生命活力和精神魅力。相信我，没有男人愿意跟这样的人生活一辈子。

即使男人不对你产生厌烦，你过多的顺从和牺牲，也会给他造成很大心理压力的。这种压力往往不是让他出于愧疚留在你身边，而是会让他因内心愧疚而觉得配不上你的好。愧疚到一定程度，他就会逃跑。有一种爱，是会令人窒息的，谁也不想死在爱里头。

任何一种人际关系，都要讲究一个相对平衡。一味地付出和一味地索取，一味地命令和一味地顺从，都是不健康的人际关系，终将难以持久。婚姻也是一种人际关系，自然也不例外。

那么在婚姻里，怎样才是留住男人的正确方法呢？

其实很简单。

你只要做自己就好，有自己独立的思想和人格，坦然地表达自我主张，正确地表达自己的需求，自然就有吸引对方的魅力。爱是相互吸引的，而不是一方对另一方的捆绑或黏腻，委曲求全换来的不是爱，而是感情的施舍，有时候甚至连施舍都得不到。

遇到分歧，更不要一味地放弃自己的主张，而是要勇敢地表达不同的观点，争取自己的正当权利，维护自己的自尊。爱从来不应该是一方对另一方的臣服，而是相互尊重、平等共处。男人也不是蛮不讲理的暴君，你懂得尊重自己，他自然会尊重你。有时候，你的不盲从、有主见，反而是吸引他的一块磁铁。谁不欣赏独立自主的女人呢？

记住，抬头挺胸的女人永远比低眉顺眼的女人更有魅力！与其放弃自尊留住男人，不如提升魅力吸引男人。

7. 听“垃圾人”抱怨，你失去的不仅仅是时间

导读：我失去的远不止那点听抱怨的时间，还有好脾气、好情绪、好心态。

你有过被当成“情绪垃圾桶”的经历吗？知道那是怎样一种体验吗？如果没有，那你真是太幸运了！我有过，而且很负责任地告诉你，那是一种暗无天日的感觉。想象不出来？那你试着站到一只垃圾桶旁边五分钟，粗略看看（我真没法叫你细看，太不人道了）被各种垃圾填满的桶心、被污染的桶壁、被垃圾包围的桶周，我想你大概很快就能了解我的感受了。

情绪垃圾桶和现实中的垃圾桶，唯一的区别就在于装的垃圾种类不同，前者装情绪垃圾、精神垃圾，后者装物质垃圾，共同点就是被他人产生的垃圾弄得一身脏。

我曾经有一位朋友，她几乎什么事都对我说。但她的事里面百分之九十五以上都不是好事。比如，她老公晚上又去应酬了，她老公又出差了，她爸妈又跟她要钱了，她亲妹子又来借钱了，她公公婆婆又怎么样了，她和她老公家的七大姑八大姨又怎么了……在每个事件后面，都会附

加她的眼泪、哭诉、抱怨、咒骂……

开始，我其实是很同情她的，觉得她一个人在异地他乡，朋友很少，家人又不体贴她，所以每次都耐着性子听她抱怨、安慰她，甚至给她出主意。但是后来发现，我提出的很多有效的解决办法，她并没有用。倒不是说她一定要按照我说的做，而是她根本就不想解决问题，而是纯粹地抱怨。她似乎对抱怨上隐，有抱怨依赖症，每天不抱怨一通就浑身不痛快。

她越抱怨越上瘾，动力十足。可是我开始感到厌烦了。我有自己的生活和工作，原本就是为了躲清静才主动避开很多不必要的人际交往。自从认识她以后，我的生活节奏经常被打乱，尤其是写稿的时候，常常是正写得文思泉涌、酣畅淋漓，她一个电话过来抱怨半天，等挂了电话重新写稿，通常是一两个小时以后了，我哪里还有什么天马行空的灵感，满脑子都是她的抱怨之言！

促使我下定决心改变的，还是后来那次。有段时间她回千里之外的老家去，我以为终于能清静几天了。没想到第二天她就打电话哭诉，内容无非就是她家那些陈芝麻烂谷子的事，抱怨父母、妹妹。她把家人描述成万恶的剥削者、冷血的路人，听得我是既义愤填膺又毛骨悚然。我只能耐着性子安慰她，让她好好跟家人沟通。其实我的潜台词是：你跟我抱怨、哭诉是没有用的，你得去跟家人沟通，就算是不满、伤心、难过，也应该让他们知道，而不是我！

最终，我还是没忍心说出口。可是我的情绪变得很差。那段时间到了交稿期，但是很显然我的工作进度被严重影响，心态变得非常差，连带着脾气也不好。生活中，我的怨言也不知不觉多了起来。

有一天，老公很严肃地对我说："你怎么了？你以前不是这个样子的。"

我听了，愣在那里好久。我也问自己："到底怎么了？"

我想了很久，唯一的解释是，我接收了太多情绪垃圾，不但把自己变成了情绪垃圾桶，还让自己的情绪和心态也给污染了。我看似得到了一个朋友，多了一个能够分享快乐的人，但事实上，我失去了很多。我失去的远不只那点听抱怨的时间，还有好脾气、好情绪、好心态。

千万不要小看情绪垃圾的摧毁力，它们看似无形，却是一个看不见的“军火库”“生化武器”，能够把一个原本心态健康的人变成怪脾气的魔鬼，让你在不知不觉中变得面目全非。而且，这种变化并非靠理智和情商就能控制自如的，就像垃圾桶，本身再干净，也避免不了被外来的污渍所污染。想要洁身自好，唯一的办法是拒绝做“垃圾桶”。

后来，我果断远离了那个“情绪垃圾”。要远离她真是太容易了。第一次，我无意中漏接了她的电话，就遭来她一顿劈头盖脸的抱怨。可能在她的观念里，我应该二十四小时待命。第二次，我故意不接她电话，过了半天再回过去。我回过去的时候，她拒接。又回，又拒。再回，还拒。

就这样，我放弃了这个朋友。然后，飘到我心头的阴云自动消散了，我感觉身心又重新沐浴在阳光下，无比畅快。想到以后都不用听她抱怨，永远耳根清净了，我感到一阵轻松，仿佛历经长久的雾霾天气之后，终于迎来了灿烂的阳光和清新的空气。

最令我感到高兴的，并不是远离这个朋友这件小事情，而是我终于迈出了拒绝做别人的情绪垃圾桶这一大步。

或许是性格使然，除了这位朋友，还有不少人找我抱怨。出于珍惜友情、珍惜亲情也好，顾及情面也罢，对于别人的抱怨，我向来都是扮演“知心姐姐”的角色，耐心倾听、真诚同情、诚恳建议，即使被耽误很多时间，就算感到疲惫和厌倦，也从来不会拒绝。

我害怕因为我的拒绝，失去一个朋友，疏远一个亲人，也唯恐因为我的拒绝，让对方陷入诉苦无门、孤立无援的绝境。

可是，我的不忍拒绝、不敢拒绝，却让我自己失去了宝贵的时间和更加宝贵的好心态，这何尝不是更大的损失呢！

学会拒绝他人以后，我当然也不会对任何人的任何抱怨都冷冰冰地拒绝。毕竟，生活中不如意事十之八九，偶尔地发发牢骚谁都难以避免，人与人之间有时候本来就是靠着互相吐槽、互相安慰、互相取暖度过了很多不愉快的日子。可是，这种抱怨只是偶尔的吐槽，而不是没完没了的“祥林嫂式抱怨”。前者是适度的发泄，后者是无节制的怨念，有着本质的区别。

对于普通的牢骚，寻求解决办法的倾诉，我基本上会做到耐心倾听，正面劝导，并给予合理建议。

如果是纯抱怨，没完没了地传播负能量，我就会拒绝做情绪垃圾桶，主动远离那些过度消极的人，反正，他们需要的并不是正能量，而是别人跟他们一起变成负能量的传播者。

这样一来，我的耳根清净多了，心态也恢复平和从容。如果你还在狼狈地做别人的情绪垃圾桶，被别人带着往消极的方向下坠，何不试着拒绝，还自己一个耳根清净的世界呢？毕竟，你来到世界上的使命又不是当垃圾桶。你的生命，应该在阳光里伸展。你的心态，应该平和安宁。

第六章

道德感泛滥，淹死的是自己

1. 你的宽容，不应该不辨是非

导读：你的宽容，不应该不辨是非；你的厚道，不应该不分善恶。

有一次，我跟几个朋友在群里聊天。其中一个朋友Lily说，他们公司有个业务员品行不端，到处跟同事借钱又不还，老板打算开除那个业务员，让她出面处理这事，她觉得有点棘手。我正想说出我的建议，却被另一位朋友阿珊抢了先。

阿珊开口就是连珠炮："你还要出风头处理这种事？在以前的公司吃的亏还不够多吗？你看你以前，强势、自以为是、人缘爆差，公司的人都快被你得罪光了，最后你待不下去被迫走人。换了新的公司还不长记性，我看你迟早得重蹈覆辙！"

我被惊呆的同时，Lily的愤怒喷薄而出："我怎么就出风头了？我是人事部经理，这种事本来就应该我去处理，我只不过是有点为难想征求大家的意见，选择更好的处理方式。你不给建议就罢了，凭什么攻击我？我以前得罪人那是我的错吗？我不过是坚持原则，怎么就自以为是了？还有，我不是待不下去了才离职，我是正常跳槽，拜托你搞清楚再说！”

阿珊不甘示弱：“你以为我喜欢说你？还不是为你好！算了，你这种不知好歹的人，以后吃亏了别到我面前哭！”

我赶紧制止阿珊：“够了，少说两句。”

Lily已经气得不说话了，私下跟我发信息抱怨阿珊，说烦透了阿珊这种说话刻薄的人，每次聊天都要被她指责一顿，本来是随口的一句牢骚，却被她说成愤世嫉俗。

我十分理解Lily的心情，事实上，我也经常被阿姗的简单粗暴的表达方式弄得心情很不好。当然，其他两位朋友也没能幸免于阿姗的刻薄。

比如有一次，一位朋友做了个新发型，在朋友圈发自拍，阿珊马上评论说：“这发型跟你的大饼脸简直是绝配啊，现在应该叫‘巨大饼脸’了，哈哈哈！”朋友气得立即删了照片。

还有一次，一位矮个子朋友穿了件长款外套，阿珊当着众人故意大惊小怪地喊道：“天哪，你的腿呢？”弄得那位朋友尴尬无比。

我也有过被阿姗嘲笑的历史。一次我发在微博上的文字里出现了一个错别字，没想到被阿珊看出来了。她唯恐天下不知，立即把我的文章截图，将那个错别字标记出来，发到她朋友圈，还特别注明：大才女也有写白字的时候嘛！我真是啼笑皆非。

生活中，像阿珊这样的人不在少数，他们说话毫不客气，动不动就对别人进行一阵批评或攻击，而且基本都不是一时愤怒。心理学上把这类人称为攻击性人格障碍患者。

不过，我今天要跟大家讨论的不是这种人格的形成原因，毕竟我们没有义务对别人的人格缺陷负责，保护好自己才是我们的当务之急。

老实说，和攻击性人格的人相处是一种非常不愉快的体验。他们反复无常的语言攻击，会令我们的自信心遭受无妄之灾。尤其是心地善良的人，和内心相对脆弱的人，往往会真的以为自己不够好、自己做事的方法和能力有问题，才会遭受别人的批评和攻击。所以，他们不想着如何拒绝，反而会迎合、讨好对方，以避免下一次被攻击。

另一方面，道德感过强的人，还会要求自己接受这些攻击，以显示或锻炼自己的宽容与厚道。

可是，在决定自己的态度之前，让我们先来看清楚语言攻击到底是什么吧！

第一，语言暴力不但是暴力，而且是伤害性更大的暴力。

暴力不仅仅是武力上的，还有其他方面的，从方式上来说，暴力可以分成身体暴力、语言暴力、冷暴力。语言攻击就属于语言暴力。这种暴力不像身体暴力，会留下明显的外在伤痕，语言暴力往往是无形的。但正是这种无形的伤害，性质往往更恶劣、更持久，很容易给人留下终身的阴影。看不见的伤才最痛，也更加难以愈合。

第二，取笑不是玩笑。

有些自以为幽默的人，经常不看场合、不看分对象，张口就开一些有伤大雅的玩笑，弄得别人尴尬无比，他还在为自己的幽默得意洋洋。

还有的人以取笑别人为乐，动不动就取笑别人的缺点、短处或囧事。如果别人生气了，他就会说自己是在开玩笑，还责怪别人开不起玩笑。

可是，取笑就是开玩笑吗？严格来说，取笑跟开玩笑是两码事，后者可能是善意的，前者则在本质上含有愤怒或挑衅，是敌意的一种释放方式，玩笑只是一种合理化的外套。

所以，取笑是怀有恶意的，借玩笑之形，行攻击之实。

第三，所谓的毒舌，不过是没有修养。

毒舌分两种，一种是以尖刻的语言吐槽不合理的社会现象，一种是专门对别人进行人身攻击。如果说前者还能起到一些积极作用，后者则完全是语言表达上的毒瘤。

一些牙尖嘴利之人，常对着别人一阵毒箭乱放，他们在为自己的毒舌洋洋得意的时候，丝毫没有意识到那是在伤害别人，以为没有口德就是说话有个性。有些人干脆打着毒舌的旗号，卑鄙、恶毒地批评和攻击别人。

不顾别人的感受，只图自己的口舌之快，本身就是一种人格缺陷，是非常低劣的品行。只有那些没修养、没气度的人，才会在语言上咄咄逼人。

第四，心直口快就可以随便伤人吗?

有些人在用语言攻击了别人之后，常常露出一副无辜的样子："你知道我这人就是心直口快，没什么恶意的，我都是为你好。"这类人以为说明了是为别人好，就可以不为自己对别人造成的伤害负任何责任。其实，他们并不懂得什么是真正地为别人好。

有人常常拿"刀子嘴，豆腐心"标榜自己，为自己的刻薄披上漂亮的外衣。可是，他们分明是刀子心、刀子嘴。一个内心刻薄的人，嘴上才会特别不厚道。

还有人说，我就是这样一个心直口快、没心没肺的人！言外之意就是，不管我说了什么难听的话，都是可以被原谅的，毕竟我那么没心没肺。他们以为只要标榜自己是心直口快的人，他们就拥有了随意批评别人的特权。他们把肆无忌惮地心直口快当优点，却不知道这其实是一个人际交往方面的缺点，会显示出一个人的幼稚，缺乏涵养。

诚实跟温和、委婉并不冲突，说实话也没有必要用难听的、令别人难受的方式，别忘了，仁慈也是一种好品德。

而且，往往越是自称心直口快的人，越受不了别人的心直口快，因为他们太在乎、也只在乎自己的感受，比任何人都敏感脆弱，他们的心直口快不过是预先提防别人而抢先做出的攻击。

语言攻击的真面目已经昭然若揭，现在，你还觉得自己应该宽容厚道吗?

事实上，宽容厚道仍旧是值得推崇的好品行，但需要注意的是：你的宽容，不应该不辨是非；你的厚道，不应该不分善恶。别人的肆无忌惮，都是被你过度的宽容与厚道惯出来的。你每后退一步，就意味着给了攻击者前进一步的空间；你每沉默一回，就等于在暗示别人变本加厉地攻击你。

对于那些尖酸刻薄、毫无口德之人，最好的办法就是：

1.拒绝走近。你喜欢你的尖酸刻薄，我坚持我的宽容厚道，但我绝对不会让自己因为宽容厚道而成为你尖酸刻薄的攻击对象，我会跟你保持安全距离。

2.适当反击。我并不主张与尖酸刻薄的人毫无风度地对骂，但对于那些不懂得适可而止的人，适当的回击可能是让对方闭嘴的最好方法。当然，你可以选择更含蓄一点的回击方式。

3.当面揭露。对于一个总是毫不客气攻击你的人，应该感到不好意思的是对方，而不是你，所以，不妨直接告诉他，你听出了他话里的冷嘲热讽，他的行为让你不悦，并请他就事论事，不要再对你进行人身攻击。

2. 委屈自己成全别人，只是感动了自己而已

导读：那些委屈自己成全别人的人，不过是陷入了自我感动的模式里无法自拔。

一位读者给我留言说，她离婚了，可是原因难以启齿，只能跟我说说。

事情是这样的：她和男朋友谈了大半年恋爱，一直守身如玉，对方也恭谨守礼，她还以为自己遇到了传说中的柳下惠呢！直到结婚前夕，她才发现准新郎在某方面的能力有问题。她无法接受这样的事实，更不能原谅男朋友一直欺瞒她。她提出解除婚约。可是，男朋友抱着她痛哭流涕，信誓旦旦地说只是暂时的。准公婆知道这件事后，专门约了她见面，又是道歉又是求情，甚至给她下跪，求她跟他们的儿子结婚，并保证会对她好的，也会督促儿子赶紧治好病。他们老泪纵横地说请柬都已经发给亲戚朋友了，如果现在悔婚，他们一家人将颜面尽失。看着这对跪在自己面前头发花白的老人，她心软了，拒绝的话一句也说不出口，只好默认了那场婚礼和婚姻。可是，老公婚后经过两年的治疗，还是毫无起色，而且他的脾

气变得越来越暴躁，公公婆婆也没有他们承诺的那样对她特别好，而是蛮不讲理地把问题归咎于她。最后，她忍无可忍，还是离了婚。

我惊呆了，不是因为她嫁给一个有问题的男人，而是按她说的，她当初答应跟他结婚，并不是有多爱他，而是觉得他以及他的父母十分可怜，她无法拒绝他们。她觉得如果自己不嫁给他，也不会有其他人愿意嫁给他了。所以她选择了成全他。然后，她真的竟然为了成全别人接受一个明知是深坑的婚姻，最后落得满腹委屈却有苦难言。

说实话，我并不觉得这位读者的故事有什么值得感动的地方。她的行为，既感动不了上天，也感动不了别人，顶多感动了她自己。

我不由得想起了另一位朋友的故事。

那位朋友以前谈了个男朋友，两人情投意合，到了谈婚论嫁时，双方父母却因为彩礼的问题产生了冲突，闹得不欢而散。女方父母坚持要一笔数额不少的彩礼，男方父母不肯出，还讽刺女方是在卖女儿。

其实，我朋友也知道父母的做法欠妥，却拗不过父母那颗攀比的心。她的父母认为自己的女儿嫁人，彩礼一定不能比别人少，不然会被别人看不起，说他们家女儿不值钱。再说彩礼收少了，对方付出的代价就小，她嫁过去也不会受到婆家重视。

她父母从成本价值的角度，认为人都存在这样一种心理：得到某样东西付出的代价越大，就会越珍惜那样东西。可是，放到谈婚论嫁上，就有点牵强了。说到底，父母也是出于自己面子和利益的考虑。

最可气的是，我朋友居然为了父母的面子，跟男朋友分道扬镳。

后来，父母帮她找到了一个肯出一大笔彩礼的男方，举行了一个颇有面子的婚礼。父母高兴了，面子赚足了，她却从此过上了悲惨的生活。她跟老公根本没感情，也培养不出感情，勉强过了一年，还是提出离婚。婆家不同意。婆家说，为了娶她他们家花光了积蓄，她嫁到他们家连个孙子都没生下，不能就这样走了。她父母也不支持她离婚，说女儿离婚会让他们丢失脸面。她又一次选择了成全父母的面子。

朋友跟我诉苦的时候，我很不理解：“为什么你要一而再、再而三地委屈自己，成全父母所谓的面子？”

她的回答让我目瞪口呆：“父母把我养大不容易，我也想当个孝顺的女儿啊！我也没什么赚大钱的本事，就想让他们收点彩礼，晚年生活好过一些。”

她说话的语气无时无刻不在传达一个信息：我特别伟大，特别无私，特别感天动地。

可是在我这个旁观者看来，她不过是陷入了自我感动中无法自拔。

孝顺父母有很多种方式，父母要赚钱也有不少种方法，她却选择了一种最糟糕的方式。这种行为不是成就自己的孝心，而是成全了别人的贪婪！

同理，那些用委屈自己来成全朋友、成全兄弟姐妹、成全老公孩子、成全莫名其妙的别人的人，并不见得有多么伟大，而是愚蠢之极。

委屈自己成全别人，别人就会高兴，或者感动吗？

电视剧《欢乐颂》里的樊胜美，一直在用委屈自己去成全她父母对哥哥的宠爱，感动了父母吗？没有，他们永远只想从她身上压榨更多。她也没感动别人，在朋友眼中，她不过是个任由家人压榨的傻瓜。因为委屈自己成全别人，本来就是一种愚蠢的行为。

委屈自己成全别人，就能换来别人的成全吗？

就像我朋友，她满以为她的孝心很感人，可是她并没有感动父母。在人生的关键时刻，她没有得到父母的支持，离婚去追求自己的幸福，可是她所做的牺牲没有任何意义。因为自始至终，她只是感动了自己。对她父母来说，她还不如他们的面子重要，所以，不管她做多少牺牲，他们都会觉得不够。不要忘了，这个世界是并不是如你想象的那么公平，并不是你对别人心软，别人就会对你善良。

委屈自己成全别人，你能上天堂吗？

如果有上帝，上帝也只是倡导人们行善，从不曾教人对别人行善、对自己作恶。如果有天堂，如果上帝希望人们能够行善上天堂，他也不希望人们通过愚蠢的方式实现吧！

所以我觉得委屈自己为别人牺牲，沉迷于自我感动，以为别人也会感动，这种行为一点儿也不值得提倡，这样的人没什么好夸赞的。

你牺牲，不过是你自己的选择；你委屈，不过是在为自己的牺牲承担后果；你觉得感动，不过是自顾自地沉迷；你感动不了别人，不过是一种必然的结果。

3. 你凭什么伤害了我，还要求我一笑而过

导读：过度的克制和冷静，往往成为别人掣肘你的绳索。

过年归来，我朋友雅朵带着怒气来到我家。不过，让她生气的不是我，而是另有其人。

雅朵是位三十二岁的未婚女郎，坚持要找到灵魂伴侣才结婚。她有一份不错的事业，养活自己完全没有问题，在工作中也能不断获得自信。总之，大龄未婚的她过得也挺不错的，婚姻于她而言，不过是锦上添花，而非雪中送炭。

这枚大龄剩女千里迢迢从苏州回到云南老家陪父母过年，每天陪着父母走亲访友。像所有大龄剩女一样，走亲访友等于接受集体审问，问题无非是：有对象没？为什么还不找对象？什么时候结婚？为什么还不结婚？没对象也不结婚，为什么还不着急？等等。

大部分亲戚都还比较克制，毕竟要顾及雅朵父母的面子，也的确有点怕雅朵。雅朵从小天不怕地不怕，唯长辈是尊那套在她那里行不通，所以大家都不太敢惹她。况且她现在自己开公司，经营得还不错，大家也不敢

随意小觑她。

雅朵有个堂伯父，一直不太喜欢雅朵张扬的个性，觉得女孩就该老老实实地嫁人，相夫教子、柴米油盐。偏偏雅朵不但性格张扬，能力还特别强，把堂哥堂弟们对比得特别平庸，伯父就更不高兴了。

那天趁着人多，堂伯父就故意当着众亲戚的面大声问她："你都这么大了，怎么还不嫁人？我活到这把年纪，还没见过比你更大的老姑娘呢！"

雅朵一听堂伯父语气不善，不卑不亢地答道："婚姻大事不想随便对待，时机到了自然会结婚。"

堂伯父阴阳怪气地笑了几声，说："我看你是嫁不出去吧！年纪一大把，脾气还这么臭，谁敢娶！"

雅朵脾气上来了，眼一瞪："年纪一大把怎么了？有些人年纪比我大多了，还不是为老不尊！白活着虚长岁数有什么用！"

这话让堂伯父下不了台，他干脆恼羞成怒地摔了碗，指着雅朵鼻子一阵乱骂："你个没老没少的臭丫头，不懂礼数的混账东西，没教养的兔崽子！对长辈这种态度，你上学都学的什么！"

堂伯父直到骂得气喘吁吁才停了下来，亲戚趁机把他拉走。接下来，亲戚们当然是对雅朵颇有微词的——她是晚辈，跟长辈吵架，不管有没有理，都不会有人支持她。

听完雅朵的倾诉，我却为她拍手叫好。在这件事上，我并不觉得她应该保持良好的教养，不跟长辈顶嘴，任由别人辱骂。是的，我从头到尾都不主张大家做老好人。

毕竟，这世上有太多内心险恶阴暗的人，总是借着亲戚、朋友、长辈等身份的掩盖，对我们挥舞着一把看不见的刀子，恨不得一招一式都伤到我们的要害，还美其名曰"关心你""为你好"。

面对这样的恶意，我们往往出于自身的教养，碍于对方的身份，不好发作、不便反驳、不敢翻脸。

可是，有些人是这样的：你退让一步，他以为可以逼近三步；你退让两步，他就把你踹倒；你再退让一步，他就肆无忌惮、无法无天、为所欲为；你如果任由他伤害，他就会不客气地继续伤害你。别忘了，一个恶毒的人是从不吝于伤害别人的，也从不羞于要求别人在受到伤害后“一笑而过”。

一般来说，碰到这样蛮不讲理又恶毒的人，我们是没办法跟对方讲道理的，但是也不能靠语言暴力解决问题。怎么办呢？

我觉得这几条建议也许对大家有用：

第一，你可以有教养，但不能无原则。

对于一个有教养的人来说，最大的不便是你做不到随时随地撒野，你得顾及脸面，保持礼貌，注意素质。所以，你不能以牙还牙，只能忍住怒火，管住嘴巴。

然而，过度的克制和冷静，往往成为别人掣肘你的绳索。正如北岛那句著名的诗：卑鄙是卑鄙者的通行证，高尚是高尚者的墓志铭。

受到伤害，感到委屈了，为什么要假装没事，假装你很宽容大量？我就是受伤了，我就是生气了，我就是对你有意见了！难不成你伤害了我，我还要照顾你的感受？再说，对于我受伤，你真的会有感受吗？

所以，你可以继续保持教养，但请不要拒绝表现出你的愤怒，适当的愤怒是保护你的铠甲。

另外，如果不想被人利用你的教养，那就在保持教养的同时制定原则、坚守原则，提醒君子也震慑恶人。

第二，以德报怨不是不可以，但得看对方配不配。

道德感泛滥的人，往往觉得自己应该以德报怨。那些恶毒又无耻的人，也站在道德的制高点要求别人对其以德报怨。

但在我看来，是否要以德报怨，不是取决于我们自己，而是取决于对方。

君子不小心犯错误伤了你，你当然不必睚眦必报，如果对方值得，以德报怨未尝不可。

如果是小人故意伤了你，为什么要一笑而过？你以为宽容地笑笑就能让小人知错就改，对你如春风般温暖了？这只是你一厢情愿的天真想法，并没有什么实际作用。

相信我，并不是所有人都配得上你的以德报怨的，别对所有的伤害都一笑而过。

第三，不拿道德过度约束自己，是拒绝伤害的有力手段。

对于伤害，有些人的思维是这样的：别人伤害我，一定是我不好，我不值得对方用善意来对待。

被伤害之后不怪别人，反过来怪自己不好，这是典型的自我否定型人格。

还有些人的思维是这样的：别人的确是伤害了我，可我不能以牙还牙，因为我是个善良的人，善良的人应该友好地对待所有人。

但我要告诉你的是：友好改变不了偏见，善良融化不了恶意，善良也并不意味着善恶不分、恩怨不明。

如果你幻想用善良友好来使自己免受伤害和不公平的对待，你注定会失望。而一旦这个幻想破灭，即无论你付出多少，都会遭到不公平对待，你感受到的伤害和自责，将比现在严重一万倍。况且，一个人越是否认自己对他人的反感和愤怒，他的内心就越压抑和焦虑。届时，你没有融化别人，倒是自己受了内伤。

对于伤害，正确的方式是：适当地表达自己的反感，释放内心的愤怒，不苛求自己做绝对善良的人，更别轻易一笑而过。

4. 小心那些用“良心”来绑架你的人

导读：不懂得挣脱道德镣铐的人，注定要当一名现代奴隶，终身负重前行。

有一天，一位好友又冷不丁地发来一个信息：“我被绑架了！”

我惊得差点从椅子上掉下去。啥，犯罪分子什么时候开始连集穷和丑于一身的单身汉都不放过了？要不要报警？可是转念一想：被绑架了还能给我发信息？劫匪也太不专业了吧！

我壮着胆子给好友回了条信息：“你都丑成这样、穷成这样了，还有人劫你？要不你问问劫匪先生，他们是不是劫错人了？”

好友在电话那头笑得差点岔气：“几天不见，你智商下降不少啊，我哪有资格当肉票？我是被‘良心’绑架了！”

原来，好友上大学时家里穷，借了舅舅、阿姨、姑姑家的钱交学费。那些钱他早就还清了。可是，钱容易还清，人情却难还清。因为过去欠过人家的钱，最近几年，我朋友没少拿钱补贴他那些“恩人”们。所以他现在才穷得那么彻底。然而，最近他的“恩人”们开始变着法儿讨人情债。

比如：

他舅舅的儿子大学毕业一年了，找不到工作，舅妈一个电话打过来，让把人安排进他公司。

他阿姨的女儿嫌家乡那边太穷，找不到好人家，想来他所处的“人间天堂”找一户好人家嫁了，阿姨命令他全权负责。

他姑姑家孙子数学成绩不好，而他以前是数学学霸，所以姑姑决定让孙子暑假过来找他补习功课。

他一听这堆稀奇古怪的要求就傻眼了。首先，他不是领导，着实安排不了表弟的工作；其次，他没当过媒人，更结识不了“大户人家”，上哪儿给表妹找金龟婿去？再说，他整天上班忙得跟什么似的，回家除了睡觉什么也不想干，更别说给姑姑的孙子补习功课了。他真的就是一个活得十分狼狈的普通人，满足不了“恩人”们的各种需求。

“恩人”们哪里管得了这些！他才开口拒绝，他们就使出了撒手锏：“你小子没良心是吧？当初要不是我借钱给你交学费，你现在还不就是个农民工，哪儿有机会舒舒服服地坐在办公室里当白领！”

这招还真管用，跟人借过钱，一辈子矮三分，他再也不敢说半个不字，只好唯唯诺诺地答应了下来。“恩人”们这才发出满意的笑声：“我就知道你小子不会那么没良心！”

他应承下来，并不代表他能做到。实在没办法了，打电话向我求助。我不但没有给他出主意，还把他骂了一顿。为什么？

首先，明知办不到的事还答应，非常不明智。

别人请求或要求我们做的事，不管内容多么五花八门，到我们这里基本上都能分成这几类：能做的，不能做的，能做到的，不能做到的。

能做不能做，取决于我们的意愿，能不能做到，取决于我们的能力。

而有些事，我们明明知道自己没办法做到，却违背自己的意愿答应下来，不但让自己非常为难，最后做不好，照样得罪人。别人要的是现成的好结果，可不会因为你在做的过程中费尽心力、左右为难就对你心生感激。

所以，你后来狼狈不堪流的汗和泪，都是当初不拒绝时的不明智造成的。

其次，欠一次人情就任人绑架终生，未免太懦弱。

人活一世，不欠几次人情也难。穷人有穷人的人情债，富人有富人的人情债，谁也不可能万事不求人。所以，欠人情也不是什么丢人的事，不必从此矮人一截。尤其是那些性格里潜藏着自卑因子的人，千万别因为曾经求过人就觉得抬不起头，请把你的头颅高昂起来！

欠了人情怎么办？如果有机会，当然要回报。但请注意，任何事都应该有个限度，如果你因为心怀感恩之心就被别人利用，被人牵着鼻子走，从此对对方提的任何要求都无法拒绝，这并不能说明你“知恩图报”，只能说明你懦弱。

当初我们求人帮忙，目的是让自己的人生更好，如果因此变成别人的傀儡，岂不等于为了一个馒头就签了卖身契？这不是借人情，这是借高利贷。

最后，那些动不动就拿“良心”来绑架你的人，怎么可以把他当“恩人”？

人情债有时候就像人民币，在不断通货膨胀的情况下，越原始的就越被看作价值高昂。有些人明明只是在若干年前帮了你一个小忙，到最后可能会把你人生中的所有成就都归功于他当年的“大恩大德”，即使那个小忙放大许多倍也只能是“滴水之恩”。

当然，也有人毫不客气地要求别人把自己的“滴水之恩”当涌泉相报，把“报恩”和“良心”挂在嘴边，作为绑架别人的道德绳索，其实质也不过是通过这种绑架达到自己的目的，要么是控制欲的满足，要么是实际利益的获取。

如果一个人执意把自己看成你的恩人，那么在他的恩怨观里就会出现这样一条逻辑：你不报，你报得少了，你报得不够慷慨，就是不念我的恩情，就是没良心！

这种人，说实话都不是真心为你好，想帮你的，他们不过是出于索求回报之意对你稍加施舍，然后就等着你以后加倍奉还。这不是恩人，这是投资者，他们的“善举”不过是一种投资行为。既然是投资，当然是收益越大越好，人的期望是无上限的。而一旦收益没有达到他们的基本预期，他们就会觉得投资失败，想通过良心绑架来扭转局面。

而那些真正的恩人，通常情况下根本不会期望你报恩，你过多的回报，反而会让他们觉得“愧不敢当”。

当然，拿“良心”来绑架我们的人，远不止那些帮助过我们的人，有时候，父母、亲戚、朋友，甚至没有密切关系的人，都会举着“良心”的绳锁企图对我们进行道德绑架。可无论是什么人，以什么方式，面对道德绑架时，至少我们心里要有自己的判断，不要见到锁链就举手投降。原罪时代已经过去，人类文明已经高度发达，不懂得挣脱道德镣铐的人，注定要当一名现代奴隶，终身负重前行。

最后，关于道德绑架，我以前看到过一句话，觉得特别适合放在这里做结尾：以道德约束自身,为圣贤；以道德约束天下,为贼寇。

5. 有些人适合守望，有些人适合远离

导读：这世上，有些人是用来启发你应该成为什么样的人，有些人是用来提醒你不要变成什么样的人;有些人适合守望，有些人适合远离。

被小人缠上是怎样一种体验?

我有过一次惨痛的亲身体会。

大约十年前，我刚从学校毕业，在人生的第一份工作中，与一位同事就工作进度问题发生了争执。那时候我是一个职场新人，积极、认真，以为工作上的任何事都只是就事论事。而对方是一个“职场老油条”，拖延、散漫，特别看不起我这种职场“菜鸟”。

本来是关于工作的辩论，对方突然翻了脸，对我劈头盖脸地一阵辱骂，我哪里招架得住。我从小家教特别严，骂人的话没存储几句，吵架的实战经验等于零，被她一顿乱骂，我难过得眼泪都掉下来了。我当时还想，幸好是在QQ上，别的同事听不到。可是，她骂我的那些话，却一句句回响在我耳边，像针一样扎着我的心。那是我人生中第一次遭人

辱骂，觉得难以承受，又毫无应对之法，只是难过得躲在厕所里偷偷地哭。

这次争执以我的被动接受辱骂而告终，我以为自己受一下辱这事就过去了，心想那就忍忍吧，毕竟初入职场，受点欺负也难免。

然而，显然对方觉得骂得还不够过瘾，或许是发现我居然毫无还手之力，简直是天赐的欺负对象啊！然后她得寸进尺地开始对我进行攻击。当天晚上，我的QQ空间，几乎每一张照片，每一条签名下面，都有一个匿名者留言——对我进行人身攻击和人格侮辱。我的交际圈子很单纯，生活也简单，自然不难猜到这位匿名者是谁。但对于这种既卑劣又幼稚的行为，我也只能像吞苍蝇一样默默地忍受。

第二天，我去上班的时候，明显感觉主编对我态度很生硬，我以为是自己工作没做好，还特别卖力。晚上下班的时候，主编把我留下，问我是不是跟那位同事发生了矛盾。我老老实实地回答是，没有做过多解释。然后主编开始对我进行了长达半个小时的教育，大致内容是：你一个刚毕业的小丫头，工作能力没多强，同事关系倒是搞得很差。结论是：你不团结同事，你这人思想品德有问题。

我惊呆了。一直以来我都坚信人间是有公理的，而主编这一顿突如其来的责备，令我无法接受，心里特别委屈。我也不知道出于什么原因，当时并没有把同事骂我的聊天记录翻出来给主编看。

聪明的人可能已经看出来了，我被连夜告了黑状！

接下来，我的QQ空间每天都有人进来撒泼，直到我关闭。我的办公桌上经常出现辱骂性的纸条。然后，每天上班停到公司楼下的自行车车胎三天两头的没气，不是气门芯漏气，就是车胎被扎破。没依没据的我也不好跟谁“告状”，毕竟不是小学生了。再说，主编都已经偏听偏信了，我再去说什么岂不是又有“不团结同事”的嫌疑？

所以，我从头到尾都对这些上不了台面的小动作忍气吞声，直到离开公司之前，那位同事见了我都是横眉竖眼。在过去的整整一年里，我都独自忍受着一场没完没了的职场暴力，每天都很不开心，从公司离职后我大大地松了一口气，觉得自己终于从令人窒息的关系中逃离出来。

这是我人生中的第一次被欺凌，也是最后一次。今天之所以写出来，是想告诉大家一些个人体会：

第一，遇到小人，千万别一味忍让。

小人大多外强中干，挑软柿子捏是他们的特长，你越退缩忍让，他们就越得寸进尺。如果他们发现你对于欺凌只是一味忍气吞声，他们会加倍轻视你。你可怜兮兮的姿态，你息事宁人的想法，不但不会让他们心软，反而正好激发了他们欺负你的心理快感。快感是会让人上瘾的。

所以，一旦遭受小人的欺凌，就要积极地想办法，尽快解决问题。假如凭一己之力无法脱困，一定要向能够帮助你的人求助，尽管有时候真相会被蒙蔽，但我们仍然要相信正义的力量。

第二，被小人攻击，千万别怀疑自己。

如果你不幸遭到小人攻击，希望你不要像当年的我一样，不由自主地怀疑自己，认为是自己不够好，才会遭受别人的攻击。

尤其是在遭受人格侮辱的时候，千万要提防自己产生认同感。要知道，对人伤害最大的并不是侮辱本身，而是侮辱所导致的自我怀疑、自我否定。

坚定的自我认同，是对抗攻击的坚固盾牌。你要始终坚信，你就是你，你身上的那些优点不会因为别人的侮辱就变成缺点，你的缺点也不会因为别人的谩骂而放大。坦然地接受自己，客观地看待自己，是内心力量的源泉。

第三，保持心理强大，姿态高贵。

这和第一条并不矛盾。忍让是一种心态，高贵是一种姿态。你可以不忍让，但姿态一定要高贵。为什么：

1.和小人纠缠会被拉低水准。

有人说，人人都有一张嘴，骂人谁不会啊，他怎么骂我，我就怎么骂回去，这叫以其人之道还治其人之身。如果真是这样，你就输了。因小人而丧失风度、损害形象，根本得不偿失。君子与小人的本质区别就在于，君子在任何时候都能坚守底线。

所以，别被小人拉低了水准，更别为小人把自己也变成小人。你水准高了，格局大了，站在小人无法企及的高度，小人就只能唱独角戏。

2.在遇到小人的时候，多高的智商都是用不上的。

别试图跟一个小人斗智斗勇。小人之所以被称为小人，就是因为他们蛮不讲理，说翻脸就翻脸，为达目的不择手段，热衷于损人利己或损人不利己的事。你用智商去跟他们斗，基本上就跟用智商杀猪一样，方法不对，结果自然也难以尽如人意。

与小人斗勇也是没有结果的。小人无勇，崇尚用暴力解决问题，并且越是内心虚弱的人，越崇尚暴力。

3.君子绝交，不出恶语，这是君子应有的格调。

就算决定跟一个人从此老死不相往来，也没必要翻脸撒泼。君子绝交，不出恶语，哪怕对方恶语相向，也别以牙还牙。君子有君子的格调，不应该因为遇到小人就随便动摇。而且，你越是显得清冷孤傲，对方越能自觉无趣而停止。

这世上，有些人是用来启发你应该成为什么样的人的，有些人是用来提醒你不要变成什么样的人的；有些人适合守望，有些人适合远离。这世上，有君子也有小人，遇到君子额手称庆，遇到小人也别怕污水沾身，当你站得足够高，总有些人是够不到的。

6. 拒绝别人的伤害，是对自己最基本的善

导读：善良也是需要底线的，拒绝别人的伤害，是我们对自己最基本的善。

前不久，一个熟人来找我借钱，说孩子生病了。换了是别人，我可能就借了。但此人的品行我是了解的。首先他是一个谎话连篇的人，也不是第一次拿孩子生病当借口。其次他基本上就是个赖皮，我借出去的钱很可能有去无回。所以我毫不犹豫地拒绝了。

他空手而去，离开我家的时候很生气，嘴里隐约在骂着什么。我也没太在意，反正我跟他不是朋友，这辈子都不打算跟他做朋友。

过了没几天，一位平时来往不多的人非要请我吃饭，我推托不掉只好前去，点好菜后悄悄去买了单，但没声张。吃了没几口，对方主动把话题引到之前向我借钱的那位熟人身上，说他多么多么可怜，孩子生病在住院，拖欠了住院费，快要被赶出医院了。

然后，对方用一副普度众生的样子对我说：“你应该借给他钱，他那

人是有点小问题，但到底不是个坏人，人无完人，我们对人要宽容一点。况且，这次是孩子生病，孩子毕竟是无辜的，你眼睁睁地看着一条幼小的生命受苦，心肠也太硬了。”

我终于明白了，她请我吃饭是假，批评教育我是真。

我有些惊讶，完全没想到真的是孩子病了，有些懊恼当时没弄清情况就拒绝。我顺口问她：“你借了多少钱给他？”她马上面露尴尬，支支吾吾地绕开话题。

这顿饭注定是食之无味的，我随便应付了几句，就借口有事离开了。对着一个什么都不知情却来和稀泥的人，我不愿意多说。我甚至懒得告诉她，我之所以拒绝，不仅仅是因为担心他不还钱，如果是个值得的人，我自然是另一种做法。我之所以一口拒绝，是因为那个人几年前找过我父亲给他设计一个建筑设计图，当时我父亲身体不好，无法弯腰作图就婉拒了，当时他也是愤然离去，之后到处说我父亲不肯帮别人忙，只要几天就能画好的设计图却装病推托，把父亲气得血压上升。父亲一辈子不知免费给人画了多少设计图，是一个不计较得失的人，但他痛恨被人诽谤冤枉。从此，不再与此人来往。

当然，如果我真把这事说给这位和事佬听，她必然会说“做人不应该记仇”“有些事过去就算了”“斤斤计较只会让人活得很累”之类的话。

我相信很多人都遇到过跟我一样的情形，因为不肯帮某个人，就遭受其他人的指责。

比如：

有人被亲戚寻求帮助或借钱，如果拒绝了，就会被某些人斥为“六亲不认”“冷漠无情”，人家才不会管你之前已经帮了亲戚多少次，有多少钱已经有去无回地被借走。

还有网络上热传的动车让座事件。一位年轻姑娘因为要回了自己的座位，就被当事人和看客们严厉指责，说她没有同情心的人一大把，说她不懂得尊老的人也一大把，甚至还有人咒骂她“你也会老的，等你老了看你怎么办”。说这些话的，要么是当时在火车上没有让座的，要么是根本不在火车上的。

有些人甚至根本什么也没做，却被持不同意见的人横加一阵道德批判。比如，经常有一些素食主义者指责非素食者“不尊重其他生命”“残忍”“贪婪”。其实，人家并没吃法律规定不允许吃的动物，也没点“十大残忍菜”，不过就是吃一些最普通的肉食，在法律和道德允许的范围内满足自身需求，却被持有不同饮食理念的人冠以道德上的恶名。

这些不分青红皂白就对别人横加指责的人，噼里啪啦地指责别人的人，在网络上尤其多见，但凡爆出来一个社会事件，必定很快就会蹦出一大帮闲人，说一些特别具有道德高度，特别悲天悯人的话，以显示自己特别有见地，情操特别高尚，其实仔细一看并不难发现，这些人不过是“站着说话不腰疼”。

比如，总有人跳出来反对对凶残的杀人犯执行死刑，用他们的话说就是：那也是一条生命，应该给人改过自新的机会，人性都是善良的，杀人也是被逼无奈。

这些人动不动就抨击别人的“丑恶嘴脸”，站在道德的高地上攻击别人，同时不忘摆出超脱凡尘的姿态，显得像个“三好公民”。

然而，这些人在道德方面奉行的是双重标准，对别人无比严苛，对自己无比宽容，一旦涉及他们自身的利益，他们就会毫不犹豫地打破所谓的道德底线，以维护自己的利益。

比如，谴责我不借钱给人的那个人，她自己并没有对人施以援手，在她的观念里，那件事与她无关，她拥有批判权，却没有帮扶的责任，也没有体谅我的义务。她是仁慈博爱的“圣母”，可以批判他人，也可以冷眼旁观，但说到实质性的付出，则将自己排除在外。这种人并非是圣母，而是“假圣母”。

在这里顺带解释一下圣母和假圣母的区别：

圣母：我不入地狱谁入地狱！

假圣母：你不入地狱谁入地狱？

翻译成白话文就是：圣母无条件地为人牺牲，假圣母要求别人无条件地为人牺牲。圣母是真博爱，假圣母是装博爱。

理顺了这一点之后，我们做人就轻松多了，以后再遇到假圣母对我们进行道德批判和绑架，就别那么自责、心虚和底气不足了。且不说是否要做假圣母口中所谓善良的人，就算是要做、做到什么程度这都取决于我们自己的意愿。善良也是需要底线的，拒绝别人的伤害，是我们对自己最基本的善。

第七章

人格上不独立，人际交往上就会缺乏骨气

1. 为什么受伤的总是“小白兔”

导读：人性的恶或许由来已久，人性的恶或许早已遍地开花。在强大面前，人性的恶可能会偃旗息鼓；在弱小面前，人性的恶往往张牙舞爪。

我的旧同事小柔，“小白兔”一样的姑娘，乖巧、柔和，人畜无害。她刚来公司的时候，大家对她也都还正常，一般用这样的语气跟她说话：

“小柔，能麻烦你帮我打印一下资料吗？”

奇怪的是，没过多久画风就变了：

“小柔，顺带把我的垃圾也扔了吧！再去一楼把我的包裹拿上来！”

“都上班了地还没扫好，你不知道要早一点儿来吗？害得我刚倒的水上面又落了一层灰！”

语气上微妙的变化，反映出的却是态度上的本质区别。

同事们对小柔露出了我从没见过的嘴脸，小柔的表现也突破了我的认知极限：面对同事们得寸进尺的“公然欺凌”，她看起来居然毫无怨言、毫不愠怒！

人人都应该具备的自我保护本能，她却没有，难道她根本就是最新一代机器人，没有感觉，自然也没有情绪？

直到有一次，我看见小柔躲在公司的杂物间偷偷地抹眼泪。我走进去，轻轻地拍拍她的肩。

也许是因为我平时看上去还算个善类，她抽泣着告诉了我事情的原委。其实只是一次再惯常不过的办公室欺凌，但她为什么突然就有反应了呢？

其实，这正是一个正常人的正常表现不是吗？她之前的表现才是不正常！换了是被大家公认为脾气好的我，早就发飙了。欺凌！你以为这是奴隶社会吗？人类辛辛苦苦地进化几千年，就是为了容忍野蛮凌驾于文明之上吗？

可我还是对小柔的忍功颇感好奇，以我行走江湖的经验看，起码在八级以上啊！于是我厚着脸皮挖掘，原来，她修炼成这样的“隐忍神功”，全仰仗她亲妈。

小时候，她妈对她说话的句式永远是“你不许……”“你不能……”“你敢……我就……”。尤其是最后一个句式“你敢……我就……”，前面的内容要么是晚回家、不按时写作业、偷吃零食等对孩子来说再正常不过的小事，要么是早恋、偷东西、撒谎等莫须有的假设，后面的内容则比较惊悚，不是打断你的腿，就是扒了你的皮。

这种威胁如果放在别的熊孩子身上，恐怕就跟个屁一样毫无威慑力，偏偏放在小柔这个乖乖女身上就是紧箍咒，每次她妈咬牙切齿、目光凌厉地启用这个句式的时候，她是真的心惊肉跳。所以，从小到大，她对她妈不敢有任何违逆和反抗，战战兢兢地做一只小白兔。对别人，她也从来不敢拒绝，更别提争执了。

即使长大成人，她妈早已不再像以前那样管教她，可那个无形的紧箍咒还是笼罩在她的心头。更可怕的是，似乎任何人都能对她念咒语。

她妈用凌厉的威胁取代耐心的教育和母性的温柔，成功培植出一个见人怕人、见狗怕狗的“乖乖女”，反过来又十分嫌弃和鄙夷女儿的怯懦，不时毫不留情地当面嘲讽，将她推向了更加自卑与懦弱的深渊。

生命里的原始创伤，往往极易成为刻进她骨髓里的伤痕和弱点。

讨巧扮乖成为她表达自我的习惯，甚至是本能。哪怕是以成人的身份进入个体平等的社会以后，她仍旧努力地讨好每一个人，企图做所有人心目中的小白兔。

而且，长期的否定，导致她长成了一个没有独立的人格、缺乏自信、无法对自我进行客观认知和评价的人，她根本不知道自己是什么样子的，别人的评价就是她的镜子。

最糟糕的是，在她的成长过程中，没有人教她如何保护自己的尊严和权利，她连最基本的自我保护能力都没有，只好一直缩在自以为安全的皮囊里，继续做小白兔，她以为只能做小白兔。

但是显然，小白兔的形象并不是她的保护伞，而是她的催命符。这个形象不停地向他人传达一个信号：这只兔子太好欺负了，不欺负白不欺负！于是欺凌纷至沓来。

人性的恶或许由来已久，人性的恶或许早已遍地开花。在强大面前，人性的恶可能会偃旗息鼓；在弱小面前，人性的恶往往张牙舞爪。小白兔置身于恶性未除的人群中，无异于跑进野兽群，虽不至于被生吞活剥，皮破毛伤却是在所难免。

那么，小白兔们就只能等死了吗？当然不是。小白兔需要掌握自己的生存技能，这个生存技能不是取悦别人，而是保护自己。而保护自己，就得拒绝做小白兔。

小白兔们要委屈了：“我早就做惯了小白兔，练就了‘逆来顺受功'，突然让我改练'九阴白骨爪'，我完全懵了啊！我连指甲都没有呢！"

可是，我想告诉大家一些真相。

你不是想做小白兔吗？你不是想讨好全世界吗？你不是觉得只要做小白兔就能讨好全世界吗？那我告诉你，这个世界不是童话里的世界，不是人人都仁慈善良（童话世界还有恶毒的后母呢）。

所以，你的逆来顺受功不但不能保护你自己，还会招来他人的虎视眈眈。而真正能保护你的，是抛弃那些讨好他人的想法，学会拒绝不合理的要求，学会抵御来自他人的伤害。

比如，你企图用讨好别人来换取肯定和善待时，你可以想一想：小白兔对狼微笑，狼会不会因此而不吃她？但假如小白兔也变成狼，或者其他凶猛物种，狼还敢不敢贸然攻击？讨好和强大，哪种方式更有用呢？

比如，有人对你提无理的要求，把屎盆子往你头上扣，你完全不用思前想后、左右为难，而是铿锵有力地甩对方一脸：NO！对方可能会不爽、会生气，但你没必要优先照顾别人的情绪，自己先爽了再说。

基本上，你只要这样干一次，聪明的人就会掂量轻重了。至于那些不聪明的人，你可以继续用这个方法让他们变聪明，跤摔多了，傻子也会长智慧的嘛！

再比如，有人敢明里暗里欺负你，你不必装傻，也不用继续做可怜兮兮的小白兔，你可以摇身一变成为狼啊！对方想咬你，你也张嘴试试；对方要挠你，你也举起利爪；对方扑过来，你也甭后退，一个挺身扑过去，谁先怂还不知道呢！

你不想当坏蛋，不想变成狼？其实，狼也不是非要咬人不可的，狼的存在本身就是一个威慑，没有什么比这种天生的威慑力更强大了。大部分时候，你只需威武自由地做自己，不用攻击，不用防御，敌人就会主动跟你保持安全距离。不作不会死的道理，蚂蚁都知道啊！

而你呢，就在一边悠闲地欣赏那些看不惯你又干不掉你的人如何抓狂。很痛快有没有？

这时候，也许你会发现，这才是你想要的童话世界：人们互不相欺，各尽其事，各守本分，没有命令，没有威胁，没有伤害。你高兴了就客串一下小白兔，但所有人都知道，你其实是一只战斗力很强的狼，想欺负你，门儿都没有！

2. 姑娘，你不是天真善良，你是懦弱

导读：每当做了愚蠢的事，就自怜地说自己“天真”“善良”“傻”，毫无疑问是在表扬自己的愚蠢，炫耀自己的懦弱。

前不久，我还在上大学的表妹突然跟我借钱，对她来说还是一笔不小的数目。我有些警惕。姨父姨母很疼爱这个掌上明珠，断然不会少了她的零用钱。再说，零用钱也不用几千这么多。在我的追问下，表妹吞吞吐吐地告诉我，这笔钱她是帮室友小茜借的。

原来，小茜交了个男朋友，在一起三年，堕胎四次，其中一次已经怀孕近三个月了。第四次堕胎的时候，子宫终于承受不住折磨穿孔了。小茜每次堕胎，都是室友陪伴，男友从来不现身，这次也不例外。自然，钱也是小茜自己出。只是这次，她的钱包跟她的子宫一样，再也承受不住了，又不敢告诉父母，只好让室友分头帮她想办法凑钱。

我问表妹，为什么小茜的男友不负责？

提起小茜的男友，表妹气得咬牙切齿，一股脑儿地数落出他的“罪状”。

小茜的男友虽然只是个二十出头的青年，而且也在上大学，却已经劣迹斑斑，说谎、劈腿、吃软饭、不负责任，一样都不少。他油嘴滑舌，总能把小茜和其他的一些女孩哄得服服帖帖、死心塌地，她们即使已经知道他是不值得信任和托付的人，也依然愿意与他保持关系，不懂得保护自己。

小茜性格比较单纯，脾气也很温和，甚至有几分懦弱，即使知道男朋友的诸多劣迹，也是一次次选择原谅。用她的话说，是因为：

“我的第一次已经给了他。”

“他说过肯定会对我负责的。”

“我每次提分手，他都抱着我痛哭，那样子真的很让人心疼。”

“他说没有我他的人生就没有意义了。”

单纯傻气的小茜，每次都被这种并不高明的谎言感动得泪流满面，于是，她在“被欺骗——受伤——原谅”之间循环往复，始终走不出这个怪圈。

此刻，小茜一定躺在病床上一边忍受着身体的疼痛，一边怜惜自己的“天真”“善良”“傻”。可我敢保证，这不会是最后一次。

有些人，是注定要成为别人的垫脚石的，因为她把自己放在了任人践踏的位置。

有的姑娘从小被父母呵护在掌心，没有机会见到坏人坏事，她们以为坏人都是凶神恶煞、恶言恶语的，所以对看起来正常的人没什么防范，一不小心就成了别人的伤害对象。这是她们的天真、善良、傻。

这类姑娘只是缺乏社会经验，等到吃过一两次亏之后，她们很快就会变聪明，基本能分出善恶，并主动远离品行恶劣的人。

还有一些姑娘与小茜相似，一边干着蠢事，一边为自己的行为贴上“天真”“善良”“傻”的标签，外加自我怜惜、自我哀叹的神情和语气，一副特别无辜的样子。每当做了愚蠢的事，她们就自怜地说自己“天真”“善良”“傻”，语气和神情就像是在表扬自己的愚蠢、炫耀自己的懦弱。然后，她们陷入自我怜惜和自我同情中，轻易地原谅了自己的愚蠢行为。

这类姑娘不是真的天真，善良，傻，她们只是过度懦弱，无法果断地与品行不好的人斩断关系，无法从一段不健康的关系中脱身，最终受害的还是自己。

她们不甘心自己的付出，尤其是付出了第一次和真感情的姑娘，总觉得自己付出的是最珍贵的东西，一定要得到回报，不然就是白白牺牲。这是不肯舍弃的懦弱。

她们担心自己离开眼前这个男人后就遇不到爱她们的人了，或者再遇到的男人也好不到哪儿去，或者干脆连个男人也遇不到，从此形单影只、孤独终老。这是不敢冒险的懦弱。

她们总是相信男人那些毫无可信度的诺言，执迷地认为男人只是一时糊涂或不够成熟，相信男人一旦悬崖勒马、成熟懂事，一定会给她们幸福。这是不愿清醒的懦弱。

她们抗拒不了男人道歉时的眼泪，认为“男儿有泪不轻弹”，既然都为她们流泪了，那一定是真爱。她们见不得一个爱自己的男人因自己而流泪，同时又为自己的重要性感到满足。这是没有原则的懦弱。

与其说她们是因为“天真”“善良”“傻”而没有防范坏男人，不如说她们是因为懦弱而纵容了男人的坏。而这种纵容的结果，基本上就是男人逍遥于事外，姑娘独自舔伤。

姑娘们啊，别再为自己的“天真”“善良”“傻”而沾沾自喜了，也别再为自己的懦弱偷换概念了。天真不是无知，善良不是愚蠢，傻更不是懦弱。你用这些具有欺骗性、迷惑性、自恋性的词语来装饰自己、麻痹自己，不会让自己带着光环进入天堂，只会让自己身心俱伤地陷入万劫不复的地狱。

而那些聪明的姑娘，不标榜自己天真、善良、傻的姑娘，她们总是头脑清醒，知道自己想要什么，应该远离什么样的人。就算不小心遇到坏男人，她们也会以最快的速度狠下心来离开他，绝不拖泥带水。

她们也会不甘心自己的付出，可一旦发现继续付出会得不偿失，就会果断地停止付出。她们能够预见性地看到未来的问题，所以提前衡量出利弊，做出理的性选择。

她们不会担心以后没有人爱自己，因为她们知道，懂得爱自己的姑娘总会吸引真心爱她们的人。一个肯爱自己、会爱自己的姑娘，从不担心自己会孤独终老，她们有爱自己和爱别人的能力。

她们目光如炬，能够一眼看透男人的内心。遇到好男人，她们会积极争取毫不犹豫；遇到坏男人，她们会绕道而行毫不可惜。她们才不会被男人的甜言蜜语迷惑呢！她们是务实的精明女子，男人想用几句没成本的话就骗走她们，门儿都没有！真爱是需要用实际行动来证明的。

她们也并非不在乎男人的眼泪，但要看是什么人。对她们来说，好男人的眼泪是珍珠，坏男人的眼泪是污水，孰贵孰贱一目了然。她们懂得保护自己，任何人都不值得她们通过伤害自己来留住。

聪明的姑娘，不在乎自己在别人眼中是天真还是复杂，是善良还是邪恶，是傻还是精明，她们只在乎自己的幸福。

3. 越委屈，越找不到存在感

导读：如果你还在自我牺牲，请适可而止吧，在你失去自我之前。

很多人喜欢把这样一个句式挂在嘴边：

“没办法，谁让我是……”

这句话的背景通常是某人说到自己为别人做了什么，而且一定是牺牲式的，后面的省略号则是他对于那个人是什么身份。据我观察发现，使用这个句式的通常是女人。

我当然不是歧视女人，我自己也是女人。但不得不说，女人真的是个习惯自我牺牲的动物，尤其是在结婚后，原本十指不沾阳春水的“公主”，一旦为人妻、为人母，很多人就自动开启了自我牺牲模式。先是个性、兴趣爱好，再是事业、理想，最后是自由。其中，无数次的体力牺牲和精神牺牲，让她们的人生血流成河，惨不忍睹。

你以为我是在危言耸听？看完这个故事，你就知道了。

阿琳是我见过的最乐于牺牲的女人。

婚前，她有份不错的工作，有人缘不错的交际圈子，有自己的兴趣爱好。可是，这些都随着她结婚而一去不复还了。

刚结婚时，老公说“以后你就在家给我洗衣做饭吧，我来养你”。爱情还炽热的时候，“洗衣和做饭”的要求都是甜言蜜语，“我养你”意味着无上的宠爱，阿琳甜蜜蜜地答应了，第二天就交了辞职报告，回到家里做一个甜蜜的小妇人。

蜜月期过去，老公开始挑剔阿琳不会收拾屋子，菜做得不够可口。失去工作的阿琳觉得把老公伺候周到是自己唯一的重任，赶紧去跟姐妹家的家政阿姨学习打扫，又跑去朋友开的饭店后厨天天跟着厨师学做菜，每天弄得灰头土脸、一脸油烟，就为了成为老公眼中合格的贤惠妻子，如果哪天老公不给她一些肯定的评价，她就惶恐不安，总担心自己做得不够好，没有让老公满意。

老公不喜欢她外出，她就主动疏远了朋友，连以前的闺蜜也渐行渐远。幸好老公没有要求她放弃自己的兴趣和爱好，她每天做完家务还能以此打发时间。

可是不久，兴趣和爱好也随女儿的出生而被迫放弃。当了妈妈后，阿琳既要伺候老公，又要照顾女儿，每天忙到深更半夜才浑身疲惫地上床睡觉。而此时，老公已熟睡多时。

若换了是别人，早就抗议了，有一些抱怨也不足为其奇。但阿琳不。她觉得自己为老公和女儿做什么都是应该的，她常挂在嘴边的话正是“没办法，谁让我是他的老婆，女儿的妈妈……”

渐渐的，阿琳变成了一个只为老公和女儿而活着的人。她以为自己的牺牲是应该的，她以为牺牲了总会换来回报。然而，现实很快给予她沉重打击——她老公出轨了，并提出离婚，她软硬兼施都改变不了老公的决心，只好同意。由于她没有工作，五岁的女儿被判给了老公。一夜之间，她又变回了婚前的状态，形单影只，只不过，心态再也不同了。

离开老公和女儿后的阿琳就像失去了灵魂，每天浑浑噩噩，根本不知道应该干什么。她把自己的世界都抛弃了，只剩下老公和孩子的世界，现在，她觉得再也没人需要她了，她是个被抛弃的多余人，活着已经毫无意义。阿琳真的自杀了，幸运的是没有成功。

被救回来后，阿琳突然变了个人。

她找回了曾经的兴趣和爱好，通过专业的学习，将看似普通的布做成了工艺品，成为高端布艺店的抢手货。

她回归了朋友圈子，与过去的朋友重新联络起来，学会了享受友情带来的温暖。通过发展兴趣爱好，她又结识了很多志同道合的新朋友。跟这些朋友在一起，不再是谈论家长里短、儿女经，而是切磋技艺，共赏艺术。我经常看见她在朋友圈发布一些活动信息，这些活动充满创意和趣味，已经超出了一般家庭主妇的眼界。

最近，阿琳又迷上了摄影，用自己做布艺作品赚来的钱买了一套价格不菲的相机装备，出门旅行拍风景。要是换了以前，她一定会把每一分钱都省下给老公和孩子买东西。

从她发布的照片里，我看到她穿着漂亮的裙子、化精致的妆、品尝各地美食，脸上迷人而自信的笑从眼角眉梢荡漾开来。

这种笑容，在她倾其所有为别人牺牲的时候，从来不曾出现过，现在却成为她脸上最常见的一种表情，因为她学会了讨好自己、取悦自己，享受世界的美好，而不是牺牲自己让别人过得更好。

一个女人，在停止无休止的牺牲，在学会善待自己之后，才会变得格外迷人，才会做最好的自己。在此之前，她只是“谁的谁”，每天在为别人服务、为别人而活。

有一次，她约我吃饭。点菜的时候，她对我说：“我们不要客气，也不要顾虑，各自点自己喜欢的菜，好不好？”正合我意。

想起我们的上一顿饭，她开始怎么也不肯点菜，后来终于拗不过我的坚持点了两道菜，却完全是在照顾我的胃口，把自己辣得眼泪汪汪还强装喜欢吃。相比那时候的她，我更喜欢现在这个从容自信、会照顾自己的她。有时候，接受别人的牺牲也是一种负担。

我知道作为别人人生中的某些角色，比如妻子、丈夫、父母、子女，一点儿都不付出、不牺牲是不可能的，也过于自私。但是，过度的牺牲绝对不是理所当然的，也不是理智的。

适度的牺牲，能够满足自己的“被需要”感，让自己和他人都因这种互相依赖的感觉感到幸福。但过度的牺牲，则会让自己失去自我，同时给别人带来压力——你牺牲了自己的事业、喜好、需求，就意味着别人在主动或被动掠夺你的人生。

如果对方是被动的掠夺，并且是个正常人，他会觉得很无辜、很内疚，也很有压力，他会忍不住想要结束这种被迫掠夺的行为。

如果对方是主动掠夺，是一个十分自私的人，他就会觉得你牺牲得远远不够，会不停地要求你付出更多，直到你筋疲力尽。

所以，我总是无法忍受别人说“没办法，谁让我是……”。

这句话听起来很有牺牲意味，看似带着深深的无奈。但实际上，很多时候我们并没有那么无奈，有些人只是习惯了自我牺牲的模式和自我牺牲带来的自我满足感，可惜，往往也只能感动自己。而且有一天，终将会连自己也无法感动，因为你把自己弄丢了。

很多自我牺牲式的女人认为是男人消磨了她们的青春、剥夺了她们的自我，这未免太冤枉男人。其实，你的青春和自我早在你打算放弃自己的事业、兴趣爱好、个人时间的时候，就开始自行消融了。这种消融，远比容颜的衰老更可怕。你怕，其实男人更怕。

此刻，如果你还在自我牺牲，请适可而止吧，在你失去自我之前。如果你还在不断被要求牺牲，果断拒绝吧，在你还有勇气之前。

4. 敢于“不屑”，才能自由

导读：当你遇到喜欢教训别人或者酷爱炫耀的人时，不妨表现得更不卑不亢一些。

有一次，我和几位朋友聚会，说着说着，就聊到了自己遇到的一些“奇特”人物上。

义愤填膺的A同学先说了一个。

她认识一个比自己大十来岁的人，是个特别“忧国忧民”的人，喜欢整天的到处瞎操心，具体的表现：与她有关没关、属不属于她管的事，她都要干涉，还一副特别为你操心、特别慈爱的样子。并且，她常常把“我吃的盐比你吃的米还多”挂在嘴边，以显示她的见多识广、阅历丰富，言下之意就是“我比你多在世界上活那么多年，你凭什么不听我的”。

有一回，A同学跟一位男性朋友在餐厅吃饭，还喝了点酒，被那位好事者撞见，她当时表情奇怪地离开了，结果当天晚上很晚了打电话给A同学进行了一番思想品德教育，大致是一个已婚女人随便跟男人单独吃饭，行为多危险，影响多不好，多影响家庭和谐，等等。

A同学被数落得莫名其妙。其实，那不过是一位普通朋友，他们也只是在公共场合吃了一顿再普通不过的晚餐，和这个朋友吃饭的事她老公都知道，她自问没有任何不妥的行为，不明白那位好事者怎么就觉得“危险”了、“不和谐”了。

不过，A同学毕竟是个有涵养的人，即使觉得这件事与那位好事者毫无关系，她还是耐着性子解释了一下：“他只是我的一个朋友，认识好多年了，我老公也认识的，而且我老公也知道我约他吃饭，你别误会。”

好事者似乎根本不理会这番解释，自顾自地说：“我没误会什么呀，我只是作为长辈奉劝你一句，注意检点自己的行为，别因为其他人破坏了自己的婚姻和家庭。”

A同学努力忍住心中的怒火，匆忙挂了电话，她真担心自己在下一秒就会爆发出怒火。

A同学的心情我完全能理解。在生活中，我也常遇到一些自认为人生观特别正确的人，动不动就拿自己那套“道德手册”“行为准则”教训别人。在他们眼里，所有人都是“问题少年”“问题青年”“问题老年”，需要他们加以引导，才能走上正确的人生道路。

最令人无法忍受的是，在他们苦口婆心地企图“扳正”你以后，一旦你表现出半点不赞同、不接受，他们就会附加一句：“你要是觉得这话不好听就当我没说吧！”他们的潜台词其实是“不听老人言，吃亏在眼前，等着瞧吧，你迟早会为自己的固执付出代价的”。此时，当事人通常不是欣然接受，而是非常反感和抗拒，因为这种奉劝并非真诚地为当事人考虑，而只是一种居高临下的批评和指责，并且这种批评和指责并没有强有力的依据，不过是自己的主观论断。

听完A同学的故事，B同学已经控制不住自己喷薄而出的愤怒了。

B同学遇到的是一个优越感特别强的人。此人无时无刻无处地不在炫耀，从出身到学历，从祖上十八代到他儿子，甚至他们家狗的血统都比别人家的高贵。

有一次，“优越狂”家的狗生病了，B同学就给他介绍自己家的狗常去的一个宠物诊所。没想到他嘴一撇、头一甩，无比骄矜地说：“我们家宝贝才不去那种地方呢！我们有自己专用的宠物医生，一个电话人家就上门服务了。”

可是，B同学真正了解了“优越狂”的背景之后才发现，那些他平时炫耀的事十之八九都是吹嘘的。但这丝毫不影响他每天在别人面前洋洋得意，随时随地地显示自己“高人一等”，并强迫别人接受，逼着别人吹捧他。假如有人不接受、不吹捧，他们就会说这是妒忌他，是在他面前自卑才不承认他的过人之处。

对于A同学和B同学讲述的这两种人，我向来不主张为了维护彼此的关系而去假意敷衍与奉承，因为与这样的人交往是一件非常累人的事，这种人际关系是累赘，除非你喜欢给自己戴镣铐。

一个在你面前有着极强优越感的人，他在心理上和精神上根本没有把你放在与他平等的位置上，他并不打算做你的朋友，不过是想当你的人生导师，满足他好为人师之瘾，或是想把你当作他的观众，借你崇拜的眼神来瞻仰他的人生，以衬托出他的“优秀”，满足他的炫耀和表演之瘾。

对他来说，一切都乐在其中，对你来说则是一种痛苦。在我们的一生中，有长长的一段时间都在接受教育，如果连生活中的一言一行都要忍受别人的批判，那就活得太累了。我们遇见的人中，喜欢炫耀的不在少数，如果对于每个人我们都小心翼翼地应付，为了维系所谓的好人缘，逼迫自己忍受对方没完没了又毫无意义的炫耀，会很容易导致心理疲劳。要知道，好人缘要付出的代价并不只是牺牲耳根清净、行为自由。

所以，当你遇到喜欢教训别人、酷爱炫耀的人时，不妨表现得更不卑不亢一些。毕竟，与观念不一样的人走得太近，强行做朋友，是一件并不愉快的事，何不利用你的时间和精力，去聆听那些真正值得领受的教诲，去欣赏那些真正值得赞赏的灵魂？虽然你也许既不是富翁也不是智者，但起码还有保留自由的权利。

5. 迎合是最低级别的苟且

导读：一个一开始就没把自己放在与对方对等地位的人，到最后也不会有机会跟人家平起平坐。

有一年回老家过年，被老同桌骗去参加一个小型聚会。之所以说是被骗去，是因为在答应去之前，老同桌跟我说到场的都是以前高中的好友。盛情难却，我欣然前往。到了预定的包厢就惊呆了：满满一屋子人，其中还有好些我并不认识的人！

我用眼神问老同桌："我以前人缘有这么好，我怎么不知道？"

老同桌尴尬地笑笑，顺带威胁："我也不知道会这样。你要是敢抛下我自己走掉，我就在大家面前使劲吹捧你！"

我赶紧投降。知我者同桌也，知道我向来最怕成为人群中的焦点。

坐了不到五分钟我就后悔不迭。这哪里是小型的同学聚会，根本就是个大型的拍马屁表演专场！

在场的一位老同学，是我们那个偏远小县城的"官二代"，上学的时候就一副十足的公子哥儿架势，现在有增无减，越发觉得自己是个了不起的大人物。几位男同学围着他热情地拍着马屁，其中一位姿态特别低，全程都在忙着给公子哥儿端茶、倒水、递烟、代收名片，就差跪下捶腿了。卑躬屈膝到这个地步，想不引起我的注意都难。

老同桌为了将功补过，及时地解答了我的疑惑，还附送了一堆不知从哪儿听来的花边新闻。

原来，那位奴仆同学根本不是我们同学，人家真的只是来当跟班的。他是典型的“草根”，出身农民家庭，毕业于三流以外的学校，回到家乡勉强进了一个小单位，不知怎么认识了“官二代”，从此就开启了打入“上流社会”的新期望，并为此孜孜不倦地努力着。

对“官二代”来说，奴仆同学简直就是二十四小时仆人，唯一的区别是他还免费。“官二代”需要人挡酒，他上，虽然酒量不好，但他豁得出去，喝到胃出血也在所不惜；“官二代”需要司机，他上，虽然买不起车，但他可以为了“官二代”的需要考驾照。

有一次，他破天荒地受“官二代”邀请去旅游，激动得几个夜晚没睡着，到了目的地才发现，他的主要功能是背包和拍照。“官二代”和朋友们带着几位漂亮姑娘，姑娘们嫌手机拍照不够“文艺”，所以他们需要一个拍照工。即便如此，他仍然觉得万分荣幸，毕竟“官二代”在需要人的时候独独想到了他呢！

“官二代”又是怎么对奴仆同学的呢？当然就像真正的公子哥儿对待真正的奴仆那样，趾高气扬、不屑一顾。而且据说“官二代”不管是当面还是背后，都毫不讳言地“奴仆”他，对他的轻视从来不加掩饰。

虽然“官二代”对奴仆同学呼之即来，挥之即去。但在奴仆同学眼中，毫无疑问是把“官二代”当朋友的，他跟“官二代”来往，无非是想进入他的交际圈子，成为与他同类的人，享受他所拥有的各种人脉资源。既然命运对他先天不公平，他就想通过后天的努力改变自己的命运，而他唯一能想到的办法，不是通过自身的努力，而是借助人际交往，将希望寄托于人。所以他努力迎合那些他觉得能够改变自己命运的人。只不过，他一开始就没有被当作朋友，以后也不会被人家当朋友。

在人际交往中，迎合是最低级别的苟且，更别说是以这种低到尘埃里的姿态了。一个一开始就没把自己放到与对方对等地位的人，到最后也不会有机会跟人家平起平坐。

我相信读者们不会是另一个奴仆同学，但是，在人际交往中，你们偶尔会不会也会犯迎合别人的错误呢？

比如，为了结交一个在各方面都比自己优秀，或是资源比自己更多更好的人，就迎合他的喜好、跟从他的观点、顺从他的要求？

比如，因为担心得罪人，害怕人际关系变得糟糕，就不敢拒绝别人的无理要求？

比如，因为不想失去某位朋友，想要表现得与对方很有默契，就陪着他去做自己并不感兴趣的事，跟他一起剪自己都觉得傻不堪言的发型，买他觉得好看自己却怎么也不喜欢的衣服？

比如，为了表示跟另一半有共同语言，从不敢真实地表达自己的观点，凡事都是“你是对的”“你说得真好”？

这些行为，虽然没有奴仆同学那么夸张，可是，对于处理你与他人的关系，也是有害无利的。

首先，靠迎合的姿态去处理人际关系，你无法得到真诚，因为你付出的也不是真诚，是诚惶诚恐、小心翼翼。

即使结交到了所谓的朋友，你也失去了自我，一个不敢把自己真实的一面充分展露的人，就不是完整的自我，掩盖得越多，就离真实的自我越遥远。最后，你会发现你把自己幻化成了一个影子在跟别人交往。

请相信，没有人愿意被不真诚地对待，他要么无法容忍自己跟一个没有灵魂的人继续来往，要么像“官二代”同学那样，顺水推舟地把这个影子变成自己的傀儡，随意利用。

其次，在这种人格不平等的关系中，你不会心甘情愿地屈居人下。

不管是主动受屈还是被动受辱，你的自尊心都会不由自主地扭曲变形，一方面你努力放弃尊严，一方面你又变得特别在意尊严。你的自尊心就像一个过于敏感的火塞，随时会被点燃并迅速燃烧成熊熊大火。

那时，你受过的所有屈辱，你放下过的所有尊严，都会汇集在一起，重重地伤害别人也摧毁了自己。早知如此，又何必要苟且屈就？

最后，再卑微的迎合都不能消灭消极情感。

作为一个总是迎合别人的人，你会在任何场合面对任何人，都努力地避免批评别人，就像你努力地避免被别人批评一样。你相信自己对别人做出的任何行为和情绪都会反射回来，你太害怕被那种反射灼伤，所以竭尽全力地避免冲突。你以为，努力迎合就没有冲突。你以为，没有冲突你就是安全的。

可是，就像我曾说过的，你越是极力压抑的东西，越是会突然膨胀炸裂，消极情感也不例外。暂时的掩盖不代表真正地消灭，如果你清楚了这一点，就不会总想掩耳盗铃了。

挺直你那因迎合而弯下的脊梁吧！也许偶尔一次妥协能体现你的教养，而过多的迎合只会使你丧失人格上的平等。一旦丧失这种平等，再想与对方“平起平坐”，那就基本不可能了。

6. 想要别人尊重你，首先你得尊重自己

导读：我们的尊严，不是依靠别人堆积起来的，而是我们本身能够给予自己充分的尊重。

经常有人跟我抱怨说，别人不尊重他，他感到很受伤。

在工作和生活中接触的人多了，难免会遇到一两个不懂得尊重他人的人，这不是我们的问题，也不是我们不够完美、不够好运，而是人际交往中难以避免的偶然事件。但如果总是遇到不被人尊重的情形，就需要反省一下，是不是问题出在自己身上。

比如，我认识一个姑娘，她叫小米，看起来总是那么倒霉得遇人不淑。

小米姑娘似乎特别擅长做让别人高兴的事，同时也让她自己看起来非常可怜、无助、饱受压迫。

比如，有一次，跟朋友约好在某个地方见面，她放下所有事，苦等了一个下午，朋友却失约，压根儿没出现在约定地点。朋友过了两天才给她打电话道歉，解释说那天临时有事，没来得及通知她，后来就忘记这件事

了。小米姑娘心里很不高兴，感到愤怒而委屈，觉得朋友不够重视她，否则怎么可能在失约后不及时通知。但在朋友面前，她却装作毫不在意这件事，体贴地说："没关系，我知道你忙，反正那天我也没有其他事情，就当在那里休息了。"

从这件事以后，小米姑娘就经常被这位朋友"放鸽子"，朋友不是失约，就是不遵守承诺，而小米姑娘每次都装出一副毫不介意的样子，还主动为对方找借口。再后来发展到，朋友"放鸽子"后都不向她解释了。奇怪的是，其他的朋友也逐渐这样对待小米姑娘，而且只是专门针对小米，对其他人，他们总是能够做到言出必行。

小米姑娘觉得朋友不尊重自己，但她依旧什么也不说，把委屈留给自己。她怕一说，大家就觉得她过于较真，影响了彼此的友谊。

有一次，朋友们聚会，地点选在其中一位的家中，小米姑娘也参加了。大家买了很多食物，小米姑娘主动展示自己的勤劳体贴，跑进厨房忙活了一上午。

小米姑娘一边在厨房忙碌，朋友们一边吃，等她把最后一盘菜端上桌，桌子上已经是一片狼藉，有的已经光盘了，没光盘的也是残羹剩汤，她都没法下筷子。最后，她就吃了几口米饭。

小米姑娘刚放下筷子，就有人喊她收拾桌子，因为大家要在桌子上玩扑克。忙活了一上午没吃什么东西，小米姑娘心里已经不高兴了，但她觉得如果把心里的不高兴表现出来，朋友们就会不高兴，她只好强装笑脸地继续收拾。

等她收拾完桌子，玩扑克的人又要求她上茶、上水果。

这原本只是一件小事，可是小米姑娘的内心突然崩溃了，她再也忍不住，躲到卫生间里哭了起来。可是等她出来后，还是假装什么也没发生。其间，有人开玩笑说小米姑娘穿着围裙的样子像极了"欧巴桑"

（韩语中“大婶”的意思），她也只是笑笑，事实上，那句话深深地刺痛了她。

毋庸置疑，小米姑娘的朋友对她是挺不尊重的，换了是谁受到这种待遇都不好受。但请不要忘了一点：别人对你态度如何，往往是由你自己决定的。当感到别人不尊重你的时候，你是否想过，也许正是你不够尊重自己所造成的？

根据心理学家安妮·迪克森的观点，我们每个人都应该具备这十一条基本权利：

1.应该说出你的要求，坚持你该享有的权利，不管你在生活中处于何种角色。

2.作为一个平等的、有能力、有智慧的人，得到最起码的尊重。

3.说出你的真实感受。

4.说出你的意见和评价。

5.敢于说“是”或“不”。

6.你有权犯错误。

7.你有权改变想法。

8.不明白就说出来。

9.去要你想得到的。

10.拒绝为他人的错误承担责任。

11.与他人交往时，不必过于依赖他们的同意和意见。

如果自己没有主动保护这些基本权利，就等于不够尊重自己，那么你很可能也得不到别人的尊重。

我们来看看小米姑娘犯了哪些错误。

第一，她没有说出自己的真实感受。

被朋友“放鸽子”，被大家忽略、随意指使，她心里很不高兴，却努力克制着不表现出来。一个过于隐忍的人，很容易被别人当作软弱可欺的对象，即使别人觉察到了你的不悦情绪，也会故意忽略，因为你自己都不正视它，别人又何必站出来维护你的权利？

第二，她不敢说“不”。

她不乐意被“放鸽子”，却从不向放她鸽子的人说“不”。她并非心甘情愿地为大家服务，但是面对别人的指使，她也没有说“不”。一个连“不”都不敢说的人，又怎么有胆量、有能力维护自己的权利呢？而一个连自己的权利都没有能力维护的人，又凭借什么去获取别人的尊重？凭可怜的眼泪、唯唯诺诺的姿态吗？要知道，这世界从来都是强者尊、弱者卑。

第三，她没有说出自己的要求，坚持自己该享有的权利。

小米姑娘其实很想要求朋友不要忽略她，给予她应有的尊重。但是出于害怕失去朋友的心理，她不敢直言自己的要求，而是悄悄吞下它，或是跟其他人抱怨。这一点儿用处也没有。要求是你提出后，别人才会选择是否满足。如果你连提都不提，你的要求只能烂在肚子里。

如果你也经常觉得得不到别人的尊重，如果你不想重蹈小米姑娘的覆辙，建议你做到以下几点：

第一，别把自己放到最不重要的位置。

你在自己眼中有多重的分量，在别人心中就有多少分量。你越是把自己放在重要的位置，别人越重视你。如果你把自己放在乞丐的位置，没人会给你贵宾的待遇。

在与人相处时，遇到选择时，不要总是说“我无所谓”“我随便”这样明显敷衍自己的话，把自己放在跟从者的位置。每个人都应该直接简单地说出自己的要求，不要因提要求而感到不好意思，不要觉得自己没有资格。记住，你和对方是平等的关系，你有权要求对方尊重你。

第二，干脆地说“不”。

我们总是对说“不”感到万分为难，无比忸怩，觉得说“不”或直接拒绝，就是情商低的表现。其实，真正的高情商，恰好是在表达拒绝之意的时候，不煞费苦心地编理由、想借口，而是简单直接，不给别人留幻想，也不给自己惹麻烦。

第三，如果你有不好的感受，表达出来让别人知道。

如果别人对待你的方式让你觉得不舒服，别试图隐藏自己的情绪和感受，也不必过度婉转地表达自己的感受，直接正面地表达自己的真实感受，这样更能引起对方的重视。你的目的是让别人看见你的真实感受，而不是制造令人费解的氛围，所以直接简单的方式更有效。

人与人之间，能力有高低之分，财富有多少之别。哪怕社会地位真的有尊卑之分，但在人格上，人和人之间仍旧应该平等。我们的尊严，不是依靠别人堆积起来的，而是我们本身能够给予自己充分的尊重。你尊重自己，别人才会尊重你。

7. 笑容可以“职业化”，但不能出卖骨气

导读：你的笑容可以出售，甚至免费赠送都没问题，但你的骨气一定要标个天价，并且永不出售。

我认识一个卖保险的业务员叫小周，每次看见他，他都是满脸堆笑。其实，我只不过是从他那儿买了一份保险。我正好需要，他正好推销，我觉得是再正常不过的互利合作了。他却总是对我感恩戴德的样子，这让我很有负担。

有一次，在餐厅门口偶遇，他热情地打招呼，并坚持要请我吃饭。拗不过他的热情，就决定答应他的邀约，然后找个机会去把账单结了。

我们坐在餐桌边闲聊的时候，他又遇见了一个熟人，看样子也是他的客户。那位倒是主动，走过来要求小周请吃饭。小周和我没好意思拒绝，事实上，还没等我们做出回答，对方已经一屁股坐下，吩咐服务员添加餐具了。我心想，一顿饭而已，随意吧！

没想到，时间不长的一顿饭，却让我大倒胃口。原来，真正的“上帝”来了。

小周的这位客户是个中年胖子，气质不佳，但派头可不小，想必平时指使别人习惯了，竟然在服务员不在的时候，指使小周给他端茶倒水，态度特别理所当然。小周则点头哈腰、满脸堆笑，比餐厅服务员态度还好，看样子他平时经常这样对待客户。而且，他不仅给客户端茶倒水，还负责添饭、夹菜、介绍菜。餐厅服务员见他做得比自己还敬业，干脆懒得过来了。

当然，小周还得抽空照顾一下我，毕竟，我也是他的“上帝”嘛！我一律拒绝，坚持自己动手。并且，我希望自己的态度能启发中年胖子，令他收起那副“上帝”的嘴脸。然而他并没有意识到自己的问题。

吃饭期间，中年胖子自己不小心把汤弄到西装上，又顺着裤子流到鞋子上。这时，令人意想不到的一幕发生了——小周竟然拿着餐巾纸给中年胖子擦身上的汤汁，中年胖子居然顺势靠在座椅上，任由小周伺候。接着，小周俯身到桌子底下给中年胖子擦鞋！中年胖子还配合着把脚翘了起来！

我食欲全无，不愿意再看下去，推说有急事就匆忙离开了。

后来，再见到小周，他还是满脸堆笑，可是，他在我心中的形象变得很差。我实在无法忍受一个人卑躬屈膝到这种地步。

一个人，不论是出于工作需要还是交际需求，待人热情本不是错误，笑容更是人与人之间沟通的桥梁。不是有句话说“笑容，是最好的敲门砖”吗？在正常的人际交往中，笑容绝对是必不可少的，也是一个人应有的礼貌。

可是，笑容虽好用，却不应该滥用，尤其是把自己的骨气作为赠品，跟着笑容一起出卖。我总觉得，即使能获得再大的利益，这样的捆绑出售也是亏血本的。有些人眼里只盯着获得的利益，却丝毫没有意识到，自己正在失去最重要的东西。

有人可能感到委屈：我也不愿意这样啊，谋生不容易，不然谁愿意“为五斗米折腰”？

诚然，谋生不易，生存辛苦。但正因为如此，我们才更应该保护自己的权利和尊严，毕竟除了物质，人还需要精神，灵魂上的卑微，骨气的缺失，会让一个人彻底沦为卑微的弱者。

所以，你的笑容可以出售，甚至免费赠送都没问题，但你的骨气一定要标个天价，并且永不出售。

再来说说我自己的亲身经历吧。

在广告公司上班的时候，有一次，我作为策划人和合作公司的几位客户一起吃饭。我是从来不跟除家人、好友以外的人喝酒的，任何人、任何场合、任何酒。一来觉得没意思，二来担心不安全。这个原则没有为任何人打破过，连我的老板和上司都只能尊重我的原则。

那天，一位客户非要逼着我喝酒，其他几位客户也跟着起哄。我知道，他们是想看看我这个冷面人到底能“故作矜持”到几时。我也知道，一旦我喝了第一杯，就会有后面的无数杯。所以我坚持不肯喝。

那位主导劝酒的客户脸上挂不住，沉着脸发话了：“今天这酒你喝也得喝，不喝也得喝，不然，你这个方案是肯定通不过的！”

一听此话，坐在我旁边的同事先慌了，如果方案通不过，也意味着他的业务白跑了。于是，他先是劝我喝了那杯酒，见我态度十分坚决，又去跟客户打圆场，提出代我喝。客户就是不肯。

这时，我借口上卫生间，给老板打了个电话，把事情简单跟她说了一下，并明确地告诉她：这酒我是无论如何不会喝的，如果客户仍然坚持拿不通过方案来逼我喝酒，这个单子可能要黄了，但不是我的错。

我的老板真是世界上最英明、最正直的老板！她当即让我立刻走人，并且打电话让我同事也撤了，留下一桌傻愣愣的客户面面相觑。当然，这个单子也黄了。

后来，我找了个机会问老板：“那天你为什么让我撤走，事后也没有怪我？说起来，我其实也不算完全没有责任，毕竟我没有找到更好的办法来处理当时的场面。”

我的女老板潇洒地甩甩头发：“我为什么要为一群根本不尊重人的客户而委屈我的员工？我开公司，从事广告服务行业，卖的是点子，是头脑，不是骨气。我平时要求你们对客户要态度好，但我只是让你们献出笑容，不是供出膝盖。我的确很想赚钱，珍惜每一位客户，但我不会让我的员工为了一个单子就给客户当奴仆。我那天支持你，不仅仅是在维护员工的尊严，也是维护公司的尊严。因为面对不合理的要求，一旦我的员工低了头，整个公司就等于被人打了脸。我是生意人，这笔生意是赚还是亏，我心里清清楚楚。”

老板的一席话，令我佩服得五体投地。我终于明白为什么她一个三十岁的女性可以白手起家将公司做到几千万的规模。成功，从来都不是偶然，更不可能是依靠出卖骨气。

一个女老板，肩负着整个公司生死存亡的命运，尚能做到“不为五斗米折腰”，把维护尊严放在第一位置，我们这些并无太多挂碍的普通人，又怎能不好好守护尊严呢？别忘了，人类历史上无数的抗争，出发点都是为了捍卫生命的尊严，而非物质的欲望。

第八章

拒绝是一种常态，习惯就好

1. 生活不易，何必帮别人为难自己

导读：想做个好人，请先照顾好自己和身边的家人，让自己和家人不因你的不敢拒绝而遭受责难、遭遇困境。

前段时间，一位还在上大学的女生给我留言，讲了她和她整个家庭面临的烦恼。女孩自称桃子。

桃子家在一个县城里，拥有一栋三层的自建房，没什么存款，她妈没有固定工作，给人打零工，她爸工资也不高，但勉强也能供她上大学、供弟弟念高中。前年，她爸老家的外甥（她的表哥）突然提出要带着一家四口来她家借住，因为表嫂生了三个女儿，不生儿子不罢休，所以决定外出躲避计划生育部门的追查。

桃子的爸妈是方圆几公里有名的老好人，以前就有过开饭店被朋友白吃白喝到倒闭的经历，她家里冰箱、洗衣机之类的日常所需的家电都可以外借给亲戚长期使用，当然，亲戚再也没还回来。这次面对亲戚的求助，更加无法拒绝。于是，表哥带着一大家子浩浩荡荡地来了桃子家，除了随身的衣服，什么也没带。

接下来就是，桃子的父母给表哥一家提供房子，购置生活用品，安排得妥妥当当的。桃子的表哥表嫂一家也很泰然地白吃白住着。对，他们连生活费也不出，到了吃饭的点就招呼孩子们上桌。

时间一长，桃子家顶不住了，毕竟一下子要多承担五个人的生活费，这可是一笔不小的开支。而且桃子她妈还特别善良实在，觉得每天粗茶淡饭地招待亲戚显得太小气，每顿饭总得有两三个拿得出手的荤菜才行。这使得庞大的生活开支成了家里的一个沉重负担。

雪上加霜的是，一年前桃子爸突然患了很严重的肾病，再也不能干活了，他爸上班的私企老板给了两千块钱，辞退了他。这样一来，桃子他们一家，变得自身都难保了。可是，表哥一家视若无睹，继续白吃白住。桃子几次跟爸妈提出要跟表哥要生活费，都被她爸妈拦住了。他们总觉得开不了那个口，而且潜意识里觉得不应该收表哥一家的生活费，觉得人家也不容易。其实，这时表哥已经找到工作了。

桃子家的一楼是门面房，三楼也空着，本来可以租出去补贴点加用，可是表哥家一来，占满了三楼，还顺带连一楼也占了。她表嫂每天带着三个1岁到4岁的孩子在一楼玩，地上小便的痕迹随处可见，好几个租房的人看过后就摇着头走了。现在，桃子她妈打两份工，一天只能睡六个小时，还得照顾她爸。

桃子跟我说，她真的很讨厌她爸妈这种老好人行为。可是，她其实也开不了口驱赶表哥一家，毕竟都是亲戚。而且，她表嫂马上要生第四个小孩了。

看完桃子家的故事，我心里有些沉重。又是一个老好人，又是一个因为不好意思拒绝别人，结果弄得自己狼狈不堪的事例。而且，不知道你们发现没有，桃子其实已经被她父母同化了。

很显然，他们一家人都陷入了“不好意思拒绝别人”的怪圈中，对他们来说，不拒绝已经成为一种根深蒂固的习惯，哪怕一次次因为这种习惯吃亏，他们也无法停止这个对自身有害的行为。

可是，善良的老好人啊，生活已经十分不容易了，何苦再帮别人一起为难自己呢？习惯不一定都是好的，尤其像“不好意思拒绝别人”这种习惯，明明就是个坑，为什么不试着跳出来呢？顺着习惯一直待在坑里，的确是不得罪人，可是也会把自己掩埋。

有很多人跟桃子一家一样，因为对方是亲戚朋友，就不好意思开口拒绝，而且，觉得自己不应该拒绝。如果别人有困难来求助，就应该有求必应，说“不”就是不近人情，就是犯错误。他们这样的人，即使鼓起勇气拒绝了，心里一定也是内疚万分、日夜难安，从此都不好意思在对方面前抬头挺胸，总觉得亏欠了人家。

他们从来就没有仔细想过，别人为什么总能对他们提过分的要求，又总能对他们的困难视而不见？别人有困难，难道他们的生活就很轻松吗？

就像桃子妈，一个人打两份工，不但要扛起自己家里的生活重担，还要解决别人家的烂摊子，她从来就没想过：凭什么！

或许，她累得半死的时候，也想过让外甥一家子离开，或者哪怕是出点儿生活费也好。但她这种资深老好人，顶多也就是自己私下想想罢了，要真让她开口，一定又是万难。她会衡量一下，觉得一旦说出拒绝的话会彻底毁了自己维持了几十年的老好人形象，不如忍忍算了。她会寄希望于别人的良心发现，幻想能等到对方主动付出的那一天。

可是，没有道德上的压力，没有情感上的感知，又能免于付出，免于辛劳，很多人真的会心安理得地享受免费的馅饼。他们不是不知道自己的行为为别人增添了负担，也不是没有看见别人的艰辛，只是在为难自己和为难别人之间，他们自私地选择了后者，同时，这也将他们与自立者区分开来。

自私的人永远都有，并且就在我们身边。我们想依靠自身的力量将自私者转变成自立者，显然是不可能的，也是没有必要的。我们唯一能做的，就是尽量与这类人保持一定的距离。所以，对于桃子以及桃子们的烦恼，我的建议是改变“不拒绝”的习惯。我知道对于资深老好人来说，这做起来有点难，所以我也贴心地给出了更切实可行的方法：

第一，把自己的困难告诉对方。

老好人有个很显著的特点：总是听别人诉苦，同情别人，自己却极少向别人诉苦。因为他们心地善良到觉得向别人诉苦都会给人造成负担。自然，他们也是能不求助别人，就不去麻烦别人。

尤其是在面对别人提出过分要求时，他们一方面感到很为难，一方面又会尽力掩盖那种为难，他们担心一旦说出自己的困难，就会让对方觉得自己是在以此为借口推托。

可是，你不说出自己的困难，别人可能真的不知道，你一口答应，别人以为你真的只是举手之劳。就算别人知道你有某方面的困难，而你既不提出来，也没有拒绝，那就意味着你能够解决。

所以，拒绝的第一步，就是把自己的困难告诉对方，让对方了解并考虑到你的处境，进而理解你，主动改变自己的行为。而如果对方没有主动考虑你的处境，你也可以拿你的难处作为拒绝的理由。这通常会让拒绝变得更容易一些。

第二，学会让自己活得轻松。

说实话，老好人都活得比较累，而且有不同程度的自虐倾向，不懂得让自己享受生活，觉得人生本来就是辛苦的。

人生固然难免辛苦，但我们却并非完全无能为力，至少可以在力所能及的范围内让自己活得更轻松一点。比如，少为别人牺牲力气和物质，少为别人操心，把更多的时间和金钱投入自我放松和自我提高上，把更多的精力放在对自身的关注上，也许你会因此活得更轻松。

其实，简单地说，就是要学会取悦自己。当你学会了取悦自己，自然就不会时时想着如何取悦他人，处处只为他人着想。

当然，有人可能觉得这是自私的表现。其实，这是一个错误的认知。“不利他就等于利己”，从本质上说是个错误的结论。关注自身的需求，凭借自己的能力来满足自身的需求，是生命个体应有的权利，也是每个人对自己应有尽的责任。这与自私有着本质的区别。如果没有认识到这一点，你就无法做到理性地拒绝他人。一旦在遇到该拒绝的事的时候，就会习惯性地允诺下来，把“利他”放在“利己”的前面。而假如认识到了你对自己的责任，在拒绝他人时，则可能会坦然许多。

如果你想做个好人，那么请先照顾好自己以及自己身边应该受到照顾的家人，让自己和家人不因你的不敢拒绝而遭受责难、遭遇困境。

2. 受够了还要忍，下面只能是泥潭

导读：有些人抱怨，只是纯粹地抱怨，之后该怎样还怎样，然后再抱怨，再继续，陷入死循环。

我的朋友琳达最近经常向我抱怨，她的本意当然是获取我的认同，从我这里得到安慰。可是，每次都会遭到我的否定。她有点埋怨我的不近人情，我却觉得这一切都是她活该。

我想与大家分享一下琳达的故事，或许，这对你也会有所启发。

事情是这样的：琳达有位朋友叫思雅，两人关系比较要好，又都是独自在异地奋斗的单身女性，平时总会相互照顾。但这一切从思雅结婚后开始发生变化。

思雅的夫家家境还不错，原本琳达很为她高兴。可是琳达发现，结婚后的思雅似乎变了许多。

思雅婚后就辞去工作，在家当起了全职太太。婚后不久，思雅怀孕了。思雅的老公忙于公司的生意，每天回到家已经深夜，甚至经常通宵不回家，吃住都在公司里。于是，琳达经常接到思雅的哭诉电话，无非是抱

怨自己每天独自在家、无人照顾，生活诸多不便，心里觉得十分孤独和委屈。每次哭诉完，她就可怜巴巴地问琳达：“你能不能给我买点儿吃的送过来？”

琳达也觉得思雅很可怜，于是每次都挤出时间给她送些食物过去，顺带安慰她一番。

开始，思雅还会提出将琳达购物的钱给她。琳达觉得金额不多，而且跟思雅是朋友，不好意思计较那一点钱，就客气地说是送给思雅的。后来，思雅也就安然接受，再也不提付钱给琳达，但是照旧每周要求琳达买大量食物送到她家。于是，琳达莫名其妙地变成了思雅的食物供应者。

除了为思雅提供食物，琳达还被要求为她做家务，因为思雅说怀孕了不能做家务。“你为什么不请个保姆或钟点工呢？”琳达很想问问思雅，但每次话到嘴边又咽了回去。仍旧是不好意思的心理在作祟，只能继续勉强自己，心想这也是暂时的，等思雅生完孩子就好了。

终于熬到思雅生孩子了，她居然叫琳达搬到她家去住一段时间！琳达委婉地拒绝了。然后思雅一把鼻涕一把泪地哭诉，说婆婆本来就看不上她，不愿意照顾她，现在她生了个女儿，更不受婆家欢迎，娘家又离得远，根本没人管她。可怜她跟宝宝两个人，躺在家里无人问津。她在这个城市就琳达一个好姐妹，如果连琳达都不帮她，就没有人会帮她了。

琳达是个心软的人，招架不住思雅的眼泪，只得暂时搬去她家充当月嫂。琳达每天忙着照顾思雅母女，晚上也没法好好睡觉，黑眼圈越来越明显，白天上班也没有精神。可是，她始终不好意思开口说不再帮思雅。她觉得，做好人就应该做到底，既然已经付出了那么多，如果在此刻拒绝思雅，肯定会把以前的“功劳”全部抹消，既当不成好人，又失去朋友，这是她最不愿意面对的结果。

当琳达对我说完这些，我十分直接地评价她：“受够了还要忍，那是你活该！”

作为思雅的朋友，偶尔提供帮助当然无可厚非。可是思雅对琳达的要求，已经大大超越了朋友的界限。这是无礼的，也是无理的。再好的朋友，都不能要求别人为自己在物质上和精神上付出。事实上，不论生活多么艰难，每个人都应该自己去肩负。何况在这个故事中，思雅的家境并不差，完全可以请一个保姆，也支付得起日常的消费。她对朋友琳达的索取，可以说是贪欲，物质上和精神上的双重贪欲。

面对这一切，琳达理当拒绝，然而，她却因为不好意思而选择了忍受。同时，她又觉得难以忍受思雅的无限索取，因此内心对朋友充满了怨言。当怨言和不好意思的情感发生冲突，付出感和歉疚感两相夹击，内心的平衡被彻底打破，琳达自然而然受到困扰。

然而，回到那个我反复强调的话题上：人有拒绝他人的权利，不论对方是亲人、朋友，还是其他任何人。琳达选择忍受，责任不在别人，而在她自己。一切放弃自己权利的人，都应当为将要面对的结果负责。抱怨毫无意义，找别人抱怨更是毫无作用。如果琳达认识不到问题的核心所在，她不但摆脱不了目前的困境，还会陷入另一个困境——内心累积大量的不满情绪，表现出来的则是不停地抱怨，变成一个充满怨怒的人。

不得不说，有些人抱怨，是为了解决问题，等别人给出建议后，他马上就会采取行动、积极改变；有些人抱怨，只是纯粹地抱怨，之后该怎样还怎样，然后再抱怨，再继续，陷入死循环。琳达正在不知不觉中成为这样一种人。也许，连她自己都还没有意识到。

所以，在此，我们姑且不论思雅的行为是否合理，是否应该遭到批评，单就琳达的行为而言，已经出现了很明显的问题，需要认真对待，立即采取措施，否则，她将因为别人的问题而导致自己的日常生活和工作受到干扰，这样发展下去，她和思雅之间的友谊迟早会消亡，取而代之的将是互相怨愤。

而那些跟琳达一样，还在抱怨别人对你不公、不敬、不好的人，要么马上行动、做出改变，不再给对方机会向自己无度地索取；要么沉默，或毫无意义地抱怨，然后继续被压榨。除此以外，别无其他。而究竟想要哪种结果，想必很多人心中已然有了答案。

3. 你的人生，你拥有选择权和决定权

导读：人生终究是你自己的，没有人可以一辈子都替你拿主意，为你负责到底。唯一能对你负责的，只有你自己。

最近收到一封读者来信，一个名叫小云的姑娘，向我讲述了她的故事。小云的故事用一句话总结就是：一场木偶剧。那个木偶，正是小云，而操纵她的，则是她的父母。

小云的家庭，是比较传统的中国家庭——家长制，辈分森严、家规繁多。从懂事起，小云就被明确要求必须听从大人的一切指令和安排。提出质疑就是不礼貌，做出反抗则被划归大逆不道之列。她爸挂在嘴边的一句话是："你要上房揭瓦还是咋地？"

小云当然不敢上房揭瓦，她曾经有一次违抗妈妈的指令，私自跟小伙伴们上山去玩，回家后被打得三天走不了路。血的教训让她学乖了，从此对父母画的圈不敢有半点逾越。从被动地做乖乖女，到主动地讨巧扮乖，最终养成凡事顺从的习惯，其实用不了多长时间。而习惯一旦养成，很可能就会跟随终生。

上大学选择专业，毕业后工作安排、相亲订婚，这些人生大事，小云无一例外全由父母做主。她放弃了喜欢的中文系，因为她爸说毕业后不好找工作；毕业后，她进入家乡县城里的单位上班，整天闲得无事可做，人越来越懒散，她却不敢辞职，只因父母觉得那是铁饭碗；她对相亲对象毫无感觉，可是父母考量了对方的学历、家世、工作后，觉得配她绰绰有余，应该赶紧抓住，于是她稀里糊涂地就跟对方订了婚。

现在，婚期临近，她心里却越来越慌。她没谈过恋爱，可她知道，恋爱绝不是他们那个样子的：固定的约会时间，固定的约会地点，固定的约会模式，一切都按部就班、有条不紊。可是，正是因为太正常了啊！恋爱中的人，如果太正常，不是到了恋爱晚期，就是根本没进入状态。她认识他半年，从来没有主动问过他的私事，不是她要给对方个人空间，而是她完全没想过要问。她对他的任何事情都提不起兴趣，每次约会也都是敷衍了事，反正不赴约也会挨父母的骂，她只能出去应付。

有一天半夜醒来，她翻看与未婚夫的聊天记录，这才发现他们几乎没有深度聊过什么话题，都是一些零碎的套话，因为他们根本没有共同话题。如果以后的人生都要这样过下去，那简直太可怕了！对于未来的婚姻，小云都不敢想象。她觉得人生简直无聊透顶了。

这个结论令她惊出了一身冷汗。她彻夜未眠，狠狠地思考了一番人生，然后她发现，她的人生中没有一件事是她自己做主的。那是父母为她设定的人生，他们从来没有问过她是否愿意，是否满意。她不知道自己喜欢什么，有什么理想，中意怎样的人，想要什么样的人生，但她清楚地知道，目前的人生绝不是她想要的。

小云在晨光初降的时候，给我写了一封信问我该怎么办。

我想，小云绝不是一个特例，在很多我们看不见的地方，好多姑娘像小云一样，对自己的人生是毫无掌控权的。并不是上帝有意针对她们，故意不赋予她们这项权利，而是她们的父母，在她们才来到、甚至还没来到这个世界的时候，就剥夺了她们的权利。她们的父母或许不知道什么叫“天赋人权”，或许知道，但那并不影响她们剥夺儿女的这项权利，因为在他们眼中，自己就是儿女的天。而他们为儿女提供的不是温柔庇护，而是霸权统治。而且，通常伴随着霸权统治出现的，还有抛弃的威胁、不爱的恐吓、严苛的惩戒。这些，哪一项不是孩子的死穴，哪一条不是孩子的恐惧之源？

于是，“坏孩子”学会了反抗，“乖孩子”学会了顺从。而“反抗=不孝”的逻辑，让大部分人都选择了当“乖孩子”。他们以为这是唯一的生路，是获得父母的满意和爱的唯一途径，所以他们让自己习惯顺从，心甘情愿地贡献出自己的人生。

由于长期接受灌输和命令式教育，被无数个“应该”约束和教育着，“乖孩子”以为所有的应该都是“必须”。家长说他们应该往西，他们就认为往东是错误的；家长说他们应该忍受，他们就认为反抗是忤逆的。

从服从父母开始，他们会发展到服从配偶、服从子女，甚至服从其他人、迷信其他人，哪怕有一丁点儿没达到他人的要求，都会感到内疚、自责、自我否定。当别人没有如他们预期的那样对其做出完美的评价时，他们会倍感挫败、对自己加倍失望。下一次，他们就会更加顺从、听话。

渐渐地，他们把自己活成了木偶，随意听凭别人的摆布。

然而真相却是，越“听话”的孩子，父母内心对他的责任感和愧疚感越弱。父母操纵了子女的人生，却无法对子女的人生负责。等到某一天，父母再也无力操纵手中的木偶线，更大的悲剧才刚刚开始——一个木偶失去了主人，又缺乏灵魂，毫无掌控自我的能力，等待他的必将是自生自灭，就是想想都令人不寒而栗。

如果你觉得自己就是和“小云”一样的人，为什么不在一切还来得及的时候学会自己做主呢？人生终究是你自己的，没有人可以一辈子都替你拿主意，为你负责到底。唯一能对你负责的，只有你自己。所以，你理所应当保留自己人生的选择权和决定权。在具体做法上，我希望这几条建议能为你带来一些帮助：

第一，改变观念，纠正认知。

你可能中毒太深，接受了“孝顺的孩子就应该听从父母的安排”这个伪真理，那么现在我告诉你，这是错误的。“孝顺”和“顺从”原本就是两码事，一切以“顺从”为前提的孝都是不人道的孝道。请记住，你首先是一个人，其次才是孝子孝女，在学会做自己之前，不必急着做谁的谁，否则你很可能会失去自我。

父母总是习惯将自己的梦想、希望，甚至欲望寄托在子女的身上，对子女有过多的期盼，有些是积极的，有些却未必。父母的期望往往是子女的负担。

而我想告诉你的是，不要太在意他人的期望，你的人生应该由你自己来主导，按照你自己的意愿来安排。简单地说，就是跟着自己的心意走，而不是顺着别人的期盼吧。

第二，戒掉习惯，停止顺从。

有些行为，比如盲目的顺从，或许你一开始也知道是错误的，然而却没有勇气去改变。久而久之，错误就会变成习惯，习惯就会变成“正确的”“理所应当的”。可是，错的就是错的，不会因为变成了习惯就发生质变。如果意识到自己正在顺着习惯犯错，不论多么艰难，都要阻断这种习惯。

第三，尝试新生，学会说“不”。

阻断习惯，就要从拒绝开始，对非自己意愿的事说“不”。比如小云，既然不喜欢那份工作，为什么不辞职呢？既然不爱未婚夫，为什么不退婚呢？工作没有了，可以再找，只要努力学习、勇于尝试，总会找到自己喜欢的工作的。未婚夫没了，更没什么可惜的，跟一个没有感情也没有共同话题的人结婚、共度余生，这才是对生命的浪费。

姑娘们，我知道你们有时候会害怕，觉得人生艰难，担心自己无法独自应对所有的事，所以想依赖父母、依靠他人来为你做主。可是，如果觉得人生艰难，就更要掌控好你的选择权和决定权，为自己选择一条喜欢的路。自己喜欢的，再苦都不会觉得累，再累都不愿意放弃。而别人替你选择的，不论轻松还是艰难，你都会不甘心、留遗憾，后悔自己不曾努力抗争，勇敢地掌控命运。

4. 有正确的价值观，是不被伤害的基础

导读：当你拒绝当宠物，拒绝被圈养，尊严和幸福迟早会来眷顾。

有一次，我跟着朋友去参加一个聚餐。男主人我认识但不熟，只知道他是一个结了两次婚的男人，跟前妻离婚后娶了个年轻漂亮的老婆。第二次选择的结婚对象，在我想来一定是有过人之处的，毕竟经历过一次失败的婚姻，再次选择人生的另一半时，应该会更慎重，也会更理性。

见了女主人后，我却大失所望。女主人的确是年轻漂亮，却仅限于外表，她言谈间的无聊与无知，真是令人咋舌。然而，更令人咋舌的场面还在后面。

席间，女主人因为误将食盐当成白糖拿给一位客人，被男主人当众喝骂。男主人语气严厉，丝毫不顾及女主人的面子。在座的客人感到十分尴尬，纷纷出来打圆场，男主人这才没有继续呵斥老婆。我静静观察，男主人虽然是个没素质、没教养的大男子主义者，表现极不绅士，可是，女主人的反应也令人无法理解，她居然唯唯诺诺、一脸惶惑地道歉。请注意，

她不是向客人道歉，而是向她的丈夫！

难道道歉的不应该是男人吗？女主人不过是一个小小的失误，在我看来没什么大不了的，对谁也没有造成实质性的损失，至于被呼来喝去吗？可是，对于这么野蛮无礼的行为，她居然容忍，还一副“求你饶恕我”的样子，足以见得，她平时在家的地位和际遇真是令人担忧。

果然，后来朋友悄悄告诉我，这是他们家经常发生的事，已经公开上演好几次了。

我有些想不通，女主人明明长得一副好相貌，看起来也不笨，怎么会沦落至此？为了爱情和婚姻，连尊严都不要了？

朋友用看白痴的眼神白我一眼：“你可真天真，什么为了爱情和婚姻啊，还不是为了钱！男主人有房有车有公司，外加没老婆没孩子，简直是钻石王老五的标配版，有几个女人不心动呢？这个女人大学刚毕业，欲望大能力小，好不容易傍上个‘长期饭票’，当然要不惜一切代价端稳了。尊严算什么啊，对有些人来说，尊严无法变现又不能充饥，扔了也就扔了，没什么好可惜的！”

我被朋友一席话惊得目瞪口呆。但仔细想想，这种现象似乎真的不少见。

后来，因为大家一起玩游戏互加了微信，女主人知道我写过一些两性情感的书，便常找我聊天。与在她丈夫面前的唯唯诺诺不同的是，她在我面前完全是一个怨妇标本。原来，尊严被践踏她也是不甘心的，得不到丈夫尊重她也是不高兴的，掌控不了家庭财政她也是没安全感的，缺乏伴侣的关心和爱护她也是寂寞孤独的。从这点来看，她跟别的女人并没有什么区别。

我是个直性子，有一次被她抱怨得实在忍不住了，便直问她：“既然那么不满，既然觉得不快乐，为什么不离婚呢？”

她似乎被我的问题呛住了，又或者从来没考虑过这个问题，过了好一会才发过来几个字：“呵呵，你不懂的！”之后，该抱怨还是抱怨，依旧委身在那个令她极不满意的婚姻里。

我想我已经懂了。

有的女人，想要很多很多的爱，也想要很多很多的钱，但相比起来，更看重后者。所以，当爱和钱发生冲突时，她可以委曲求全，明知道那个男人不爱她，但因为他可以给她钱，她也就委身于钱了。

但是，这类女人终究是依赖别人的爱而生存的动物，因为她不会爱自己。得不到爱的滋养，钱也填补不了她心中渴求爱的缺口，内心怨念渐生，积少成多，她终究还是成了一个怨妇，再有钱也不过是有钱的怨妇。

不过，就算满口怨言，她们通常也不会离开那个不爱她也不尊重她的男人，她们害怕失去男人和婚姻。她们的害怕，超过一般的女人，为什么？一来情感不独立，失去男人会寂寞；二来经济不独立，失去婚姻会贫困。寂寞和贫困都不是她们能够接受的。

情感上的不独立，是因为没有自己的世界，不工作、不学习、不进步、不社交，甚至不出门，生活的重心是男人、孩子，以及柴米油盐这等琐碎杂事。

经济上的不独立，则完全是因为懒惰。她们并非不懂得经济独立的好处，也不是没幻想过经济独立，只是，落实到行动上，又不愿意亲自努力打拼，情愿当一个寄生虫，贪图物质上的轻松和享受。

可是，世界上根本没有不劳而获的好事，想要得到别人的施予，必然得付出代价。女人想把男人当长期饭票，精明的男人也会趁机蚕食女人的尊严，将女人物质化。

也别怪男人精明，大家不妨换位思考一下：

换作是你，你愿意跟一个每天跟你伸手要完钱，又抱怨你陪的时间不多、给的爱不够的怨妇朝夕相对吗？

对比起来，一个有自己的生活重心，有自己的兴趣爱好，能一起聊聊工作、谈谈未来的女人，就显得有趣得多，也更容易得到男人的尊重。

所以，那些忍气吞声地保住男人这种“长期饭票”的怨妇们，还是赶紧醒醒吧，自食其力才是永不会过期的饭票。

我认为，目前这个社会，谋生并不算太难的事。有学历、有能力的人自不用说，只要脚踏实地、不眼高手低，满足衣食所需并不难。学历低的也不必害怕，只要勤勤恳恳、不好高骛远、不轻视体力劳动，找一份可以养活自己的工作并非不可能。有些工作虽然看起来不起眼，可是不偷不抢、自食其力，一点儿也不丢人，反而值得尊敬。我身边有很多女性，都是依靠一份普通但是对她们来说很重要的工作，在家庭里面享有平等的地位，她们的家庭也因此更和谐稳定。

一个女人，经济独立了，自信心建立起来了，感情自然会独立。那时候，以一个人格独立、自尊自爱的形象去面对男人，会更容易获得爱和尊重。当你拒绝当宠物，拒绝被圈养，尊严和幸福迟早会来眷顾你。

而那些依赖于男人生存、还看不起独立自主的女性的女人，今天对别人的嘲笑，可能会变成将来对自己的嘲讽。

5. 婚姻永远都不能凌驾于自由之上

导读：身心的自由是一个人生活在这个世界上的基本诉求，不管出于什么原因，婚姻都不能凌驾于自由之上。

我有个闺蜜，结婚不到半年，前阵子跟我说："我在考虑离婚。"

我惊讶万分。

你们有所不知，我这个闺蜜是出了名的"剩女"，她爸妈为了把她嫁出去，三天两头地逼婚，又是哭又是闹，闹得惊天动地的。好不容易把她嫁出去了，这么快就要离婚，不知道她爸妈这次会闹成什么样呢！作为她的闺蜜，我都不免为她担忧起来。

闺蜜是个极少诉苦的人，向来坚强、理性，她云淡风轻地把事情的原委告诉了我。

闺蜜在她妈的以死相挟之下相亲、结婚，这部分我是知道的。我不知道的是，结婚后没多久，原本说好不跟他们一起同住的婆婆居然不请自来，不是来做客，是来长居。婆婆一来就一副"慈禧太后"的架势，洗衣做饭等一干家务一律不沾手，整天上演头疼腰疼浑身疼的贵妇人戏码。

一开始，闺蜜以为她婆婆真有病，赶紧拉上老公带着婆婆去医院检查，还私下找了自己当医生的朋友。结果朋友偷偷告诉她，你婆婆恐怕是心里有病。她再仔细一想，可不是，婆婆每次疼痛呻吟都是出现在儿子回家之后、要做家务之前。

闺蜜没当面点破婆婆的小伎俩，晚上却忍不住告诉了老公。她老公的第一反应是：不可能！无论我闺蜜举了多少证，他听不进去也不愿意细想，就是一句“不可能”驳回，还反过来教训我闺蜜：“你既然嫁给我了，就是我们家的人，理所应当要伺候我妈，别说她真不舒服，就是没什么问题，她那么大年纪，也该享享清福了，我觉得她就应该在家里什么也不干，不然要你这儿媳妇干什么！”最后他还宣布：“以后这事没得商量，在对我妈这点上，我是绝对不会妥协的！”

有了儿子的支持，她婆婆更加有恃无恐，不但要求我闺蜜为她做各种她力所能及的生活琐事，还对我闺蜜多番挑剔，怎么看都不顺眼。闺蜜的老公，则明言要求她顺着他妈、照顾他妈、伺候他妈，动不动就说：“伺候我妈是你应尽的义务。”

她越来越觉得嫁给这个男人是个错误。结婚前，他各方面都还过得去，要不然她也不会向她妈妥协。婚后，他在其他方面也没有“原形毕露”，基本还算正常。可是，就是在“伺候婆婆”这个问题上，他俩无论如何也难以达成一致。

作为晚辈，如果长辈有需要，照顾一下当然是应该的。可是，如果非要强制要求儿媳妇以奴仆的姿态伺候婆婆，则是不合理的，毕竟，当代社会早已抛弃了落后的家长制制度，儿媳妇与婆婆应当是平等的。

终于有一次，闺蜜再也不想忍受被老公和婆婆当作奴仆使唤，直接拎包走人，临走前甩给老公一句话：“我到现在才结婚，不是为了嫁到你家当保姆。想找人伺候你妈，我给你机会，咱们离婚，你娶个保姆去吧！”

后来，我闺蜜不肯妥协，她老公也不肯妥协，他们就真的离婚了。

我问闺蜜：“你难过吗？不觉得自己太冲动了？”

她说：“难过当然是有的，毕竟是婚姻大事，又不是下班跟同事说拜拜。可是，我不觉得自己冲动。有些事情如果双方都决定了永不妥协，一定会陷入僵局，拉锯战不过是拖延时间、折磨彼此罢了，人生苦短，我不想浪费自己的时间，也不必耽误他的岁月，更没必要影响人家享清福。”

闺蜜一席话，令我对她肃然起敬。虽然我知道她独立、理性，可是能如此冷静地看待问题，又有几个人能做到呢？至少很多人都是明知不对却仍不死心，一再妥协退让，最后把自己逼到死角。

其实我之前也碰到过一些遇到类似情形的女性，结婚后被婆家人剥削体力，一个人承担着整个家庭的家务劳动，每天累得腰都直不起来。老公是不必说了，下班一回到家就当大爷，可恶的是公公婆婆也倚老卖老，要儿媳妇伺候生活起居。

如果公公婆婆确实是身体不适、行动不便，照顾他们却也无可厚非。毕竟，既然成了一家人，就应该守望相助。但是，如果公公婆婆四肢健全、身体硬朗，也倚老卖老地当“太上皇”“太后”，就太不讲理了。法律上从来没有规定过家务应该由女性承担，也没有规定过女子结婚后就得伺候公公婆婆，却仍有很多家庭还处于落后的封建观念下，不能平等地对待女性，尤其是年轻女性。

偏偏还有一大批封建余孽的产物，不但自己不疼爱老婆，还把老婆当成家里的女仆，任由父母驱使，以此显示自己的孝顺。

女人如果不幸嫁给这样的男人、嫁入这样的家庭，不是默默忍受，辛苦一辈子，就是奋起反抗，以离婚收场。我闺蜜是个独立的当代女性，自然不会让自己沦为家庭中的牺牲者。可是，还有很多女人，并没有我闺蜜那么独立、理性，她们大多还在痛苦、犹豫和劳累中苦苦挣扎。

如果你也是她们中的一个，我建议你不要再迫于丈夫的压力遵守所谓的孝顺教条，不要过于秉持你的善良本性不知拒绝，让自己沦为家庭苦力。既然你在别人心中的地位是一位保姆，那么不论你做多少，都会被当成理所应当的，没人会体恤你、感激你，更不会有人主动来为你分担。在未来的岁月里，你可能只剩下咬牙硬撑，把自己熬成婆，再用早已扭曲的心态来折磨儿媳妇。

你也不必为了避免引发家庭矛盾，拼命隐忍让步。逃避家庭矛盾并不是解决问题的有效方法，为了逃避矛盾而做出牺牲和让步，最终只会让对方得寸进尺，使矛盾扩大、加深。

最好的办法是，在一开始就直接拒绝。当然，也不是非要离婚不可，婚姻毕竟不是小事。你可以明确地告诉老公："对不起，你不是皇帝，没有'普天之下莫非王土，率土之滨莫非王臣'的配置，也给不了你妈'太后'级别的荣华富贵。如果要表达孝义，也请你亲自拿出点诚意和实际行动，而不是高高在上地指挥我。我嫁给你，是做妻子，而不是女仆。"

假如沟通不了，双方都不肯妥协，又该怎么办呢？为了表示对婚姻的重视，无论如何不离婚吗？我觉得也未必。在我看来，身心的自由是一个人生活在这个世界上的基本诉求，不管出于什么原因，婚姻都不能凌驾于自由之上。况且，没有自由的婚姻是不健康的，也不会长久。与其和只想找个免费保姆的一家人过一辈子，不如自己过得轻松愉快，毕竟你来到这个世界上的使命不是嫁到某个人家里当保姆。

女人要认清自己的身份，理直气壮地告诉自己和丈夫：你是嫁给一个男人，不是嫁给他们一家子。你的第一身份是男人的妻子、家里的女主人，其次才是儿媳妇，而永远不应该是女仆、保姆。

6. 拒绝职场“咸猪手”，要直接、果断、狠

导读：保护自己不受别人的骚扰，不但是你的权利，也是你的义务。

你们遇到过职场“咸猪手”吗？

我朋友夕子最近就遇到过。

夕子属于那种自带风情的美人，高挑窈窕、长发披肩。当然，并不是说不美的姑娘或小伙子就不会遇到“咸猪手”，美的、帅的就活该被骚扰。只是，长相好的人受到骚扰的概率会更高。夕子不但长得很美，脾气还特别好。

这个好脾气的美人上班第一天就遭到了男同事的集体调侃、女同事的集体妒忌。还不熟悉环境的夕子，就在红一阵白一阵的脸色中煎熬了一整天。好在她坐在大办公室里，毕竟众目睽睽，大家再怎么开玩笑也要收敛几分。

不久，夕子突然被派给公司的一位副总当助理，不明就里的夕子在男同事们惋惜的目光和女同事们幸灾乐祸的目光中，搬到了副总办公室外间

的助理专座，从此拉开了被骚扰的序幕。

副总一开始时是找各种借口把夕子叫到办公室交待工作，每次都是慢条斯理、目光游窜。作为一个从小美到大的美人，夕子对那种目光当然不陌生，副总心里的小算盘她心知肚明。可她能怎么办呢？总不能因此就辞掉工作吧？这份工作薪资待遇不错，她好不容易找到这份工作，不想轻易放弃，只好故意避开副总的眼神，衣服也穿得越来越保守，妆化得越来越低调。

但副总到底没忍住，一天下午借着交待工作，把夕子叫到办公室，绕到她身后，把手搭到了她腰上。夕子属于那种对肢体接触十分敏感的女孩，当即就跳了起来，落荒而逃。一会儿，副总从里间走出来，像没事人一样，瞟都没瞟她一眼。但从此以后，类似的情况就经常发生。

夕子尝试过调动工作，可是副总就是他的上司，他不批，人事部也不会自讨没趣。最后，她只好辞职。

再找工作，夕子已经有了心理阴影，觉得全世界的男上司都可能是色鬼，于是她只有一个要求：上司是女人，上司的上司还是女人。这个要求太奇特，她找了好久还是没找到工作。为此，夕子十分苦恼，一面觉得自己太冲动，一面又觉得职场太危险。

但在我看来，夕子是用错了方法。对于骚扰，很显然逃避是没有用的。这个世界有一半是男人，其中有不少是色鬼，你避开了男上司，还有男同事，男客户。最重要的是，你又不知道他们之间谁是下流坯子，谁是正人君子，总不能从此以后见到男人就跑吧？

对于职场“咸猪手”，最好的办法不是逃避，而是拒绝，并且一定要直接、果断和狠心。

然后我给她讲了我自己经历过的事。

我不是说过我曾经在一家广告公司上过班吗？那是十年前，中国西部，相比东部足足落后了十年不止，不论是经济上还是观念上。公司有一位总经理，能力不见得多大，色胆倒是不小，策划部和设计部总共加起来六位女职员，几乎都被他借着工作之由上下其手，还不敢吱声，怕丢掉工作。只有我和另一名女生幸免。我们是怎么做到的呢?

另一位女生一米七八的个子，足足160多斤，站在总经理面前，身体上的优劣势立刻显现。色狼有色心没色胆，只好作罢。

我身材瘦小，毫无力量优势，却带有天生的警觉性，总觉得总经理看女同事的眼光太过飘摇。我负责打扫总经理的办公室，每天，要么趁他到公司之前收拾好，要么等到女老板到公司后才去打扫，因为总经理办公室对面就是女老板的办公室。女老板不喜欢关上办公室的门，而且我熟知她的性格，她是那种光明磊落的人。

在进入总经理办公室之前，我一定会先向女老板问候一声，然后郑重地敲开总经理的门，并顺手把门完全敞开。这是确保安全的第一步。

其余时间，我绝对不会单独跟总经理相处，哪怕是工作需要，我也会想办法避免。还是那句话，跟自身安全比起来，工作是其次，上司的不悦真的不重要。其他几位女同事，就是经常被总经理以见客户为由带出公司，然后在不同的场合遭遇了“咸猪手”。我得感谢她们提前警告了我。

我还有个小秘密——每次去总经理办公室，我都带一把中午吃饭用的钢叉做防身武器，如果他敢伸贼手，我一定会毫不犹豫地反击。

我当然不是教大家用暴力手段解决问题，但说实话，如果有必要，恰当的反击是完全可以的，而且只要在“正当防卫”范围之内，也是受法律保护的。

我的一个好朋友就有过遇到骚扰时采取正当防卫的经历。有一次，她遭遇了变态上司的暴力袭击，情急之下，她操起桌上所有能当武器的东西，用最大的力气，直接把上司打得鼻青脸肿。并且，她弄出的巨大动静，惊动了距他们两层楼的老总，整个公司的人都在关注这件事，等着看公司高层如何处理。事情已经闹大，无论如何都不可能“小事化了”，老总只好开除了她的上司。

在遇到职场“咸猪手”的时候，我们根本不用逃避，也不必委曲求全。虽然有时候的确会遭遇不公平，骚扰者逍遥法外，被骚扰的一方却丢了工作；有的人鼓起勇气说出遭遇，却因没有证据而得不到公正的处理。但无论如何，这都不是忍气吞声的理由。我们仍然要相信社会文明和法制建设已经进步到一定的阶段，并且会越来越好。

退一万步说，就算遭遇不公平，也不必为了保住工作而忍气吞声，跟失业比起来，自身的安全要重要得多。

相反的，你要是选择忍气吞声，不但会让自己恶心、深陷险境，到最后恐怕还是工作难保。

所以，如果不幸遇到咸猪手，一定要在第一时间拒绝，并且谨记三个词：直接、果断、狠。

直接，就是明确地表明你的立场，让对方知道你不会给他机会，他无论用什么方法，都不可能让你妥协。如果你为了维护彼此的颜面或保住工作扭扭捏捏、含蓄婉转，可能会向对方传达错误信息，让他误以为你是在欲擒故纵。

果断，就是反应快，在第一时间做出拒绝，不拖延、不犹豫。犹豫的后果就是，会让对方以为你要么是胆小怕事，要么是在半推半就，这样无疑是在给对方壮胆，只会让他得寸进尺。

狠，就是反击的时候别怕，别手下留情，只要在合法范围内，尽量下手重、动静大，不必偷偷摸摸、忍气吞声，更不要因为害怕丢人而掩盖事情。被骚扰从来不是丢人的事，请拒绝被落后的观念束缚！你的反击越狠，给对方的震慑就越大，你才能离危险越远。毕竟骚扰者一般只是企图在免责的情况下占便宜，而不是把自己弄得身败名裂。

勇敢一点儿吧！不管是在什么场合，遭遇什么人的性骚扰，请有力地拒绝。即使是语言上的骚扰，也不能姑息。保护自己不受别人的骚扰，不仅是你的权利，也是你的义务。毕竟，我们不能把自己藏在真空里。自助者，天助之。

第九章

拒绝是一门艺术，需要终身修炼

1. 拒绝也可以不那么生硬和冷酷

导读：拒绝并不都是生硬冷酷的，温柔地拒绝也是拒绝！

经常有人跟我说：我知道应该拒绝，也想拒绝，但就是不知道怎么拒绝！结果到了最后，不是自己先妥协，就是抵挡不住别人的软磨硬泡，答应对方的要求。有时候即使是把人拒绝了，也彻底得罪了对方，从此不再往来。

如何拒绝他人，这是很多人都无法解决的难题，我也曾经在这个问题上失败过很多次。

有一次，老家的一位亲戚提出要把十来岁的孩子送到我家来上学，说大城市教育条件好，又把家乡的教育现状抨击了一番，仿佛孩子不离开家乡外出求学，前途就会一片黯淡。当时我结婚不久，还没打算要孩子，想趁机好好奋斗几年，为事业奠定一些基础。自然地，我不愿意在这时候分出精力来管别人的孩子。况且，管教孩子不是一件容易的事，我自认还不能为别人的孩子肩负起这一份重大的责任。

可是，我又觉得一口回绝对方显得太不近人情，于是就拐着弯儿尽量委婉地拒绝："我是愿意让孩子来的，可是我家房子小，不方便住。"

亲戚说："你家不是三居室吗？你们两口子带个孩子住，都住不下？"

我很尴尬，又不愿意得罪亲戚，只好说："我很忙，怕管不好孩子。"

亲戚说："你都不用上班，忙什么！再说，我们家孩子都十一岁了，很懂事，不用你费功夫的，你只要做饭时顺带多做点儿就行了。"

我心想：您想得可真简单！我可不敢让孩子自己上下学，每天不得接送，不得按时给他做饭，不得督促他学习和休息？周末了，我不得带他出去玩玩？现在我每天黑白颠倒地写稿，白天有空的时候，要么外出谈合作，要么泡图书馆，哪有时间每天规律地照顾一个小孩呢？可我知道，跟他说这些，他肯定也不信，我的生活离朝九晚五的生活太远了。况且，我的潜意识里还是不愿意让亲戚感到不悦，只好说："我这边的学校生源控制得比较严格，外地户口的过来上学，恐怕有点难吧？"

亲戚哈哈一笑，说："这你不用担心，我早打听好了，不就是钱的事嘛，没关系，我有钱！"

我已经词穷了，但实在不情愿就这么被迫地接受即将围着一个孩子转的事实，最后只能心一横，直接说："不行，我不能接受您的孩子住到我家里来，我有自己的工作和生活，不希望被打扰！"

亲戚的耐心已经用完了，朝着我就是一顿"狮子吼"："你不就是去了个大城市嘛，有什么了不起，连老家的亲戚都看不起了，有本事你以后别回我们这穷地方！"

说完，"啪"的一声挂了电话，想必在那头已经暴跳如雷了。

为这事，我难过了好久。当年的我，内心还没有这么坚定理智，总觉得就这样拒绝亲戚，很对不起人家，仿佛欠了对方的。我父母也为这事内疚了好长一段时间，怪我说话不注意方法。

现在回过后来看，在这件事上，我处理得的确不够漂亮。我在拒绝他人的时候，犯了几个错误：

首先，我在一开始就将拒绝的意思表达得不够清楚。我以为先表示愿意帮忙，再拒绝，会看起来更体贴、更委婉，对方更容易接受。其实，这恰恰是给了对方希望又将希望浇灭，让对方觉得我非常不真诚，甚至是虚伪。这种心理落差，其实让对方更加难以接受。

其次，我找了太多的借口来拒绝，而那些借口并不高明，不具备强有力的说服力，更加让对方觉得我是能够帮忙而不愿意帮忙，这无形中会让对方将怒火转移到我身上。原本，对方在遭到拒绝后，可能仅仅是因为某一个要求遭到拒绝而感到挫败，这种挫败感只是暂时的，等待当事人接受了被拒的事实，挫败感便会消失，不会持续影响到人际关系。可一旦把这种挫败感转移成针对某个人的怒气，则以后只要想起这个人，便会怒气冲冲，从而彻底改变了人际关系。

最后，我拒绝的态度在开始不够坚决，到最后又太过生硬，前后反差太大，让对方感情上接受不了。如果一开始就决定拒绝，那么明确的拒绝态度就要贯穿始终，而不是忽强忽弱，一时直接一时委婉，给对方造成理解上的错觉。

后来，我狠狠地反省了一番，总结出几个拒绝的技巧，在此与大家分享：

第一，延迟答复，保留考虑权。

如果有人向你提出请求或要求，除非真的是那种“举手之劳”，否则还是不要顺着“不拒绝”的惯性，张口就答应。万一后悔呢？万一做不到呢？

你可以告诉对方，你需要先确认自己有没有时间、有没有能力去完成对方的请求或要求，确认好了以后再回复他。然后立即挂断电话或离开对方，不给对方逼迫你立即答复的机会。通常情况下，我们在被要求立即答复的时候，是很难给出拒绝的答案的。

出于对自己和别人负责的角度考虑，在面对别人的请求时，一定要三思。请时刻记住这一点：你是有考虑权的！并且，也要让对方明白这一点。而你拒绝立即答复，本身就是一种暗示行为：我可能答应你，也可能拒绝你。

第二，不能答应就拒绝，不能拒绝就折中满足。

有些事，我们是不能答应的，那就只有一个办法：拒绝。有些事，按照我们的本意是想拒绝的，但是人处于错综复杂的人际关系网中，难免会遇到一些自己无法完全掌控的事情，让人失去主动权。这时候，也别急着放弃仅剩的一点掌控力，也许，你可以在小范围内争取最大的掌控权。

很多看起来不能拒绝的事，其实是可以折中满足的。比如，有人向你借款，金额是一万元，你不想借又不能不借，那就减少借款金额，将一万改成五千。同时给出“不借”和“只能借五千”两个选项让对方选择。人们在面对多个选项时，总是会趋向于选择对自己有利的那一项，所以对方会被迫选择借款五千元，并且不会觉得自己被拒绝了。但对你来说，借五千和借一万相比，借五千对你也是有利的。这就是双赢。

第三，避免跟对方讨论，帮对方想办法。

最好的拒绝方式，是把拒绝的意思简单、直接、清晰地表达出来，千万别玩“欲拒还迎”，否则一不小心可能会让自己无法脱身。也不要找太多拒绝的理由，不做过多解释。理由就是借口，解释就是掩饰，容易引起对方反感。相反，只要实事求是地表明自己的态度、说出自己的困难，对方会觉得你为人坦荡，并且能够理智地接受你的直言拒绝。

如果一定要表达歉意，越少越好。请一定要记得这一点，并让对方感受到，这时候你表达歉意只是出于礼貌，而不是真的对你的拒绝感到抱歉。要知道，一般人的逻辑是：犯错才道歉。反过来，“道歉等于犯了错”也很容易被当作正确的逻辑，其实这是不成立的因果关系。

在拒绝的过程中，态度要友好，但也要坚决，不要让对方觉得有商量的余地，也别又试图做老好人去帮对方想办法。一旦你参与到对方的难题中，对方就会把你当作同盟，认为你有义务帮他解决问题，你就真的无法脱身了。

不过，态度坚决真的不等于生硬，意思简洁不代表言辞没有情感。你可以多花一点儿时间，给对方一个缓冲期来接受被拒绝的事实，最好是始终面带笑容、语气温和，还表现得特别贴心，让对方也不好意思再为难你。

请记住，拒绝并不都是生硬冷酷的，温柔地拒绝也是拒绝！

2. 任何时候，规则就是规则

导读：臭毛病都是惯出来的，没有人去惯，它就无从生根、无法发芽、无处开花，就会远离我们、无法毒害我们。

以前我在一家公司管理策划部门，负责终端店面及展会的广告宣传。我是半路接手的，当时部门的人员已经全部就位，有的甚至已经在部门里待了好几年，历经了几任上司，早就成了“老油条”。其中有位设计师就是“老油条”中的代表人物。

此人是个姑娘，也不过二十多岁的年龄，由于读书不多，进入社会比较早，用她自己的说法，已经是“工作经验很丰富”了。但大家都知道，有些人是光长年龄和工龄，却偏偏不长能力的，相反的，年龄越大、工龄越长，他们就会越懒惰松散，不求上进，还以“前辈”自居，谁都叫不动。这位姑娘简直堪称这一类人的“模板”。

有一次，公司要参加一个大型展会，为了早做准备，我很早就把参展方案制定出来了，并将不同的事情交给相关的人员，要求他们各司其职，各负其责。这位姑娘就负责展会POP的设计。我明确地告诉大家，一定要按照方案上的时间进度表完成工作，任何一个环节耽误了，就会影响整个工作进度。

过了三天，到了该交设计图的时候，我见该姑娘没有动静，就催问她。谁知道她淡淡地回答我："我还没开始做，你又没给我尺寸。"

我一听，惊呆了。我说："作为一个设计师，相关的尺寸当然需要你自己去测量和决定，就像一位厨师不能等着别人把食材给他称量好一样。再说，就算你觉得需要别人给你提供尺寸，也应该早点提出，而不是干耗时间，影响整件事的进度。"

但是很显然，她并不觉得自己有任何错，一脸不屑地说："我一直就是这样工作的，你觉得有问题那就找别人做！"

当时的情况是这样：老板是个老好人，从来不批评员工，也比较反对管理层批评员工，更别说惩罚员工了。于是公司里有一些人（其实是大部分人）就是利用老板这一点，工作上毫无规矩，把谁都不放在眼里。工作上能拖就拖、能懒就懒、能敷衍就敷衍。反正老板不会开除他们，上司不能惩罚他们，这家公司简直是撒野、偷奸耍滑的圣地。在这种情况下，员工的人性里的缺点像一头脱离笼子的野兽，四处奔窜、肆无忌惮。

我虽然很生气，但也的确不能对下属做出任何实质性的惩罚，因为公司压根儿就没有惩戒制度！

这件事该怎么解决呢？部门里就她一位设计师，事情又比较紧急，我只好自己想办法测量尺寸，把数据交给她。为了避免再出问题，几乎每天都在催她工作，因为我发现只要某天不催促，她的工作进度就毫无进展。虽然比较累也比较窝火，好在一切都在按部就班地进行着。

然而，就在展会的前一天，组织方在安排工人进行POP安装的时候，突然打电话给我："为什么你们的门头只做了半边？"我说："不会啊，是不是你们漏掉了另一半的设计文件？"对方很肯定地告诉我不可能，并且他马上拿出了证据。的确，当时我们这边发过去的设计原图就是半个门头。

我问设计师是怎么回事，她似乎也知道是自己出了问题。不过，从她嘴里说出来的话却是："我发出去的时候，你为什么不说？你明明知道我有点粗心，为什么不帮我检查一下呢？"我震惊得无法形容。但是，我突然又发现自己竟无言以对。从责任归属来看，我作为负责人的确是应该为整个团队的所有事情负责，也就是说，所有人犯的错，我都难辞其咎。

我顾不上跟她讲道理、断责任，而是赶快找制作公司加急赶制另一半门头。

展会结束后，我写了一份工作报告递交给老板，将这件事原本地反映出来。我再也无法忍受一个无能、懒惰、有恃无恐的下属，一个人轻易地削弱了整个团队的整体能力。我能原谅下属犯错，但无法容忍她的无能和无责任心。

老板看完报告后找我谈话，主要内容是劝说我给下属一个机会，不要责怪下属，不要要求太高。还搬出日本的"人道主义"管理方式给我洗脑。

这是我预料中的结果，于是，我递交了与工作报告同时写好的辞职报告。我知道老板是个老好人，并不讨厌他，也不再与他理论，甚至觉得没有必要埋怨公司的不合理制度。但我不能容忍自己去迎合和适应这样的工作环境，在迫不得已的情况下改变自己的原则。我不喜欢惩罚人，但就像世界上所有的惩戒制度一样，其存在的意义并非惩戒本身，而是震慑，防患于未然。

我相信，世界上没有好员工，只有好老板、好制度、好上司。

但是，好老板的模式绝对不是"老好人+老板"。一个老好人风格的老板，毫无疑问是一个好人，却绝对不是好老板。因为用老好人模式经营不好一个公司，而经营公司是一个老板的本职工作，他连自己的本职都做不好，还怎么对员工负责、为员工提供良好的福利和发展平台？恰恰相反，一个好老板从来不纵容员工，不惯他们的臭毛病，只会严格要求他们，把他们打造成集能力与效率于一身的人，把每一位员工的潜能都激发出来，帮助他们成就更优秀的自己。只有这样，公司才能确保收获更大的利润。没有利润的公司，无论如何都不能归于成功的行列。

离开公司后，我和老板还保持着来往，但不是以老板和下属的关系，而是朋友。跟老好人共事很痛苦，但跟老好人做朋友，还是比较舒适的。

再来说说制度。老板为人处世的态度，在很大程度上决定了公司的企业文化和风气，也影响着公司的制度决策。一个毫无执行力的老板，加上一个无规无矩的制度，一定会纵容出一大批懒散、傲慢的员工，使整个团队由团结到松散，直至瘫痪。而且，这种状况是很难凭一己之力而力挽狂澜的，就算老板本人也不行。冰冻三尺，非一日之寒！我能为自己做的，就是离开这种制度，免遭它的负面影响。

说到好上司，其实，对这家公司和那位员工而言，我都算不上一个好领导、好上司，因为我没能坚持原则，也没有管理好下属，一次又一次地妥协，最后竟然眼睁睁地看着自己和整个团队被一个愚蠢的下属拖累。这本身就说明我也不够聪明、执行力弱，我用自己的方式在惯下属。既然我允许下属就那样堂而皇之、毫无愧疚地把责任推给了我，我就要为自己的不拒绝、不坚持付出代价，我的代价就是离开这个职场，并永远记住这个深刻的教训。

事情过去好几年了，我在职场中遇见的人形形色色，早已忘了那位姑娘的样子，但这件事却让我受益至今。从那以后，无论我处理多么复杂的事情、面对何种人，都没再那么被动过，因为我始终坚持自己的原则，对不合理的事零容忍。

把这件事写出来，是因为我想让大家从我的亲身经历中得到经验教训，以后，不管身处何种环境、与何人交手，一定要坚持原则，大胆说“不”。请大家记住：臭毛病都是惯出来的，没有人去惯，它就无从生根、无法发芽、无处开花，就会远离我们，无法毒害我们。

3. 爱憎是人的正当情感，你有权憎恶小人行径

导读：世界上从来不缺少小人，缺少的是发现小人的眼睛和拒绝小人的坚定信念。

我朋友的同事刚子，最近又遇到了小人。之所以强调“又”，是因为他与小人的过往简直可以编成一本《我与小人的一千零一个故事》了。

这次，刚子的房子差点被人卖了。

刚子几年前买了一套房子，当时准备结婚。可是，他还没来得及把房子装修成婚房，女朋友就另有所爱，与他分手了。刚子既无心装修，也不愿意住进去想起往事，那套房子就一直空着。刚子则一直住在公司的单身公寓里。

一次，刚子有个哥们儿提出借他房子的地址注册公司，朋友信誓旦旦地说只是借用地址，刚子并没有半点损失。刚子心想，只是注册公司应该没什么问题，毕竟房子还在自己名下，难不成还能凭空消失？于是就答应了哥儿们的请求。

公司注册完成后不久，刚子的哥们儿又说公司刚启动，资金困难租不

起房子，想暂时在刚子的房子里办公。这次他又信誓旦旦地说，只要赚够房租就搬出去，顶多几个月的时间。刚子心想就几个月的时间没关系，反正房子空着也是空着，就借给了哥们儿。结果，哥们儿在刚子的房子里一做就是一年，刚子也没好意思催他搬走，心想等他赚到了钱，肯定会搬走的。况且，哥们儿还花了一笔小钱把房子简单装修了一下，现在提出让人搬走，岂不是占人家便宜？

后来，有一次刚子出差，哥们儿突然打电话心急火燎地说，公司注册的时候有份文件出了点问题，现在要带着资料重新去办一下手续，所需要的资料是房产证、土地使用证原件和房主的身份证。

刚子说："房产资料都在我公司宿舍，身份证我随身带着。这样，我过几天就回去，到时候拿给你。"

哥们儿带着哭腔说："马上就得要，不然工商局要来查封公司了。"

最后，刚子只好把身份证和公司宿舍的钥匙一起快递给哥们儿，让他自己去取。

过了四天，刚子突然接到银行的电话，跟他确认付清贷款额的时间。刚子的房子是银行按揭的，还剩下一小笔贷款没有还清。可是，他从来没有过向银行申请提前还清贷款。这是怎么回事？

刚子又惊又疑："我什么时候预约过提前还款？"

银行工作人员说："就在四天前啊，您不是托人来预约还款吗，我还确认过你本人的身份证。"

刚子这会儿才明白自己被骗了。如果还款成功，下一步就可以进行房产交易了，也就是说，他再晚知道几天，他的房子就要易主了。

他赶紧打电话给哥儿们，可是，再也找不到哥们儿了。情急之下，刚子报了警，并连夜赶回去，这才发现哥们儿的公司已经搬空。而且，他此时才知道，哥们儿所谓的公司，根本就没有注册过。也就是说，哥们儿借他房子注册公司只是一个圈套，其真正的目的是骗取他的有效证件，然后冒充他进行房产交易，把他的房子卖出去。

那一刻，刚子真的很想哭，他实在不明白，为什么被骗的总是他。

几年前，他跟另一个朋友合伙开公司，一下子投进去几十万。两年后，朋友以公司已亏空为由将公司关闭，他投进去的钱一分钱没拿回来，那位朋友也从此失去了联系。后来，他听熟人说，那位朋友像是突然发了横财，又是买房又是买车，他才知道自己被朋友骗了。可是，他从来没有参与过公司的管理，一点儿证据也没有，只好自认倒霉。

顺便说一下，刚子的前女友就是跟他的一个哥们儿跑了的。

你可能会跟刚子想的一样，认为他真是太倒霉了。但我觉得，一个人如果总是“命犯小人”，未必就是与运气有关，很可能是他本身就具有吸引小人的特质，比如轻信，头脑简单，行为莽撞，容易受到诱惑，不会拒绝，等等。

刚子恰好正是这样一个人。任何人，只要跟他喝顿酒，夸他几句“讲义气”“够哥们儿”“豪气”，他就会跟人推心置腹了，恨不得立马结拜兄弟。在他心中，哥们儿=手足，既然是手足需要帮忙，当然是赴汤蹈火在所不惜。结果就是，他被人卖了一次又一次。

你以为我是在说我们不可以交朋友、认哥儿们？错！我自己也有朋友，也有哥们儿，但他们都是在我基于一定的了解和相处之后，觉得对方无论是人品和价值观，还是脾气、原则和行事风格，都跟我很相近的人，我才会跟对方做朋友、当哥们儿。注意，是跟对方相互都认可，而不是我一厢情愿地把人当朋友、当哥们儿。

可以说，我与我的那些朋友、哥们儿，彼此都是经过考验的，至少是相互非常了解的，而不是随便什么人都拿来推心置腹、掏心挖肺。

即使是这样，我们仍旧保持彼此独立，互相保留隐私，绝对不会越界，更不会去触碰跟对方的私人财产有关的任何东西。我觉得这是大家能够长久做朋友、当哥们儿的基本前提。毕竟，再亲密的朋友、哥们儿，也不是夫妻、家人。既然不是经济共同体，也不是利益合作关系，那就好好做朋友、当哥儿们，不要牵涉利益。没有利益，就没有纷争。

做到了这一点，起码可以让自己在很大程度上避免跟朋友发生不愉快的事情。

在此基础上，我要说的是，我们应该主动远离小人，避免被利用。

请不要用“谁知道他是小人啊”这句话来当借口。

小人的脸上固然不会写着“小人”两个字，但是小人也是有共性的，他们通常是这样的：爱占小便宜，索取多付出少；喜欢打听你的隐私，尤其是财务上的隐私；在短时间内对你特别热情，夸你、吹捧你，但仅限于语言上的吹捧；对你提过分的要求，不考虑你的难处；不守信用，又喜欢轻易承诺；喜欢用感情和道德绑架你满足他的要求。这些特点，只要细心一点儿，并不难发现。

世界上从来不缺少小人，缺少的是发现小人的眼睛和拒绝小人的坚定信念。比如：

你知道一个人是不宜靠近、不宜做朋友的人，但对方主动向你靠近的时候，你无法拒绝，最后终于变成对方的“死党”。

你知道有些人只可以闲聊，不能牵扯利益，但对方提出一个赚钱的方案，你又忍不住被吸引，最后成为对方的“事业合伙人”。

你知道有些文件、资料是你财产的保障，不可以随便交给别人，但是因为轻信，因为不好意思拒绝，还是心存侥幸地交给别人。

你知道一个男人不可靠，也知道一个不可靠的男人一定会对你造成伤害，影响你的人生，但假如他不停地向你示爱，你还是会不由自主地爱上他。

你知道对方是个小人，却自认为有人格魅力，想当然地觉得对方会对你将心比心，只对别人用阴招损招，对你则光明磊落，于是你继续与对方为伍。殊不知，在小人的世界里，只有他自己和别人两类人，他们会为了自己的利益，不惜损害任何“别人”的利益。

当然，你也不用逢人便宣布“不跟小人做朋友”。但你可以适当地表现出对小人那些恶劣品行的嫌弃，让别人知道你是一个有原则、爱憎分明的人。不要被你的修养困住了情绪，要知道，爱憎是人的正当情感，你有权憎恶小人行径。

当你向别人昭示你是一个爱憎分明、刚直不阿的人，就等于在给小人一个警示：请远离我，我们不是一类人，我也不会上你的当！小人是天下最精明的人，情愿放弃你去寻找下一个傻子，也不会在你身上冒险。

4. 不会说“不”，“打哈哈”总会吧

导读：当你觉得自己不会说“不”，担心拒绝别人就会得罪对方的时候，不妨试试“打哈哈”的方式吧。

你是不是以为拒绝别人就一定要板起脸，做出一副割袍断义的架势，从此与对方老死不相往来？

你是不是以为说“不”的时候，一定要把“不”字加好几个级别的重音，不杀气腾腾就唬不住对方？

你是不是觉得那些总能成功拒绝别人的人，天生一副包公脸，脸往下一拉就可以直接贴到门上当钟馗？

然后，你是不是觉得自己完全做不到这样，既不具备先天的扑克脸，又不具备后天的强大气场，因此，你注定是个不会说“不”的人，注定在不会拒绝的困境里一条道走到黑？

我想先跟你说说我的朋友阿蜜的故事。

阿蜜是我见过的最会“打哈哈”的人，没有之一。在我看来，没有什么事是她不能用“打哈哈”来解决的，她的情商高到让我只能仰望。

阿蜜的人缘很好，她广交朋友，也经常有人找她帮忙，向她提要求。她未必都答应。但即使不答应，她也从不得罪人，这都得益于她的高情商。她拒绝人的时候，从不拉着脸，不说狠话；要么装疯卖傻，要么笑眯眯；在别人还没察觉的时候，就把人拒之千里了。

比如，在阿蜜还没男朋友的时候，一次回老家，亲戚朋友遇见她难免问：“你有男朋友了吗？”

她很淡定地回答：“现在没有。”

然后人家说：“我给你介绍个小伙子吧，很不错的，跟你特别般配。”

阿蜜笑嘻嘻地说：“我只是说现在没有，我正在积极地找，说不定过两天就有了。不过你这么为我操心，我真是太感动了，谢谢你！”

对方只好闭嘴，略有遗憾地放弃了当她的媒婆的想法，心里明白是被她拒绝了，可又并不感到难堪，反而得到了感谢。

很多时候，看起来有好处的事情，其实是火坑。

很多时候，看起来愚蠢的表现，恰好是聪明。

志林姐姐也是娱乐圈公认的高情商女子，屈腿与矮个子握手都不算什么，最厉害的是，有一次她被传绯闻，有记者问她：“是不是有男人在追你？”

换作是其他明星，肯定就会直接否认了，如果是以有个性著称的王菲，说不定还拽拽地来一句：“关你什么事？”可是人家志玲姐姐就不逃避、也不得罪记者，无比真诚、无比愉快地承认：“有啊有啊，时间在追我！”

谁都知道她在“打哈哈”，谁都知道她在拒绝回答，可是，如果你是记者，这个问题你还会追问下去吗？

有人说这是虚伪、做作，也有人说这是圆滑、世故，我倒认为，这是一种修养，也可以说这是一种能力。

虽然我平时总是横冲直撞，也经常教大家不要太懦弱，不要过于照顾别人的面子，但并不代表我不欣赏能够更圆润地处理问题、避免冲突、化解矛盾的人。能够用玉帛免于干戈，是一种大智慧。

所以，当你觉得自己不会说“不”，担心拒绝别人就会得罪对方的时候，不妨试试“打哈哈”的方式吧，偶尔当一只“笑面虎”，不动声色地拒绝，不也很好吗？

通过“打哈哈”的方式拒绝别人，有三个技术要点：

第一，不用否定词，也能表达否定的意思。

就像骂人不是非得用脏字，杀人不是非得动刀子，拒绝别人，也不是非说“不”不可。

否定词容易引起别人的反感，又显得你十分不近人情，能少用就少用，能不用就不用。

但是，拒绝的意思一定要表达出来。

比如，有人请你参加某个活动，你不想去，可以不必直接说自己不去，而是说自己很想去，可惜那天已经有了别的安排，改不了日程，只能遗憾地放弃了。

第二，带着对方绕圈子。

遇到一些不便拒绝、但又不能不拒绝的人和事，怎么办？那就带着对方绕圈子。

把话题岔开，尽量偏离主题，甚至可以表现出思路不清晰的“糊涂”样子，让对方觉得你讨论问题不得要领，做事也一定不利落，然后主动放弃对你的要求。

这叫装傻。傻子是最安全的。毕竟，谁愿意把希望寄托在一个傻子身上呢！

有些不能装傻的情况，那就拖延答复时间，这是时间上的绕圈子。

如果对方在跟你打电话，不妨假装突然有急事或信号不好，暂时挂断电话，冷静下来思考一下如何拒绝对方。如果对方跟你面对面，就假托要先回家看看日程表或跟家人商量，其目的也是给自己缓冲的机会，想出更好的拒绝方法。

答复的时间当然不必太及时，对方见你迟迟不答复，有可能等不及了找别人去了，有可能他自己都忘了这回事。

第三，用笑脸堵住对方的责难。

此处必须要套用一句话了，“伸手不打笑脸人”。会打哈哈的人，都是老狐狸，笑眯眯的如春风般温暖和煦，但就是不随便“送温暖”。笑容可以无限量地免费赠送，让对方在笑容的包围下如沐春风，自然就不好意思责难你的拒绝了。

5. 所谓底线，就是任何人不可跨越的防线

导读：不想成为哭到最后的那个人，就明明白白地让对方知道你的原则是什么、你的底线在哪里。

很晚了，接到朋友柚子的电话，我隔着电话都能感受到她的怒气。

柚子并不是性格暴躁的人，平时温柔着呢，能把她惹到这种程度，肯定不是小事。我比较好奇对方是怎样的人。

原来，柚子的大学同学前段时间因为跟男朋友闹分手，就跑去投靠她，在她那好吃好住两个月了，她都有点烦了，几次想让同学搬走，苦于同窗之情开不了口。

那天她回到家准备换衣服，打开衣柜的那一瞬间，她感觉整个世界都崩塌了。她的衣服通通不翼而飞，取而代之的是一股奇怪的味道。她吓得六神无主，满房间乱窜。

这时候，她同学走进她房间，不疾不徐地对她说："你的衣服我都帮你洗了，在阳台上呢！"她好奇地问："你为什么要帮我洗衣服？"

她同学依旧若无其事地告诉柚子，下午她男朋友来了，喝醉了酒，不

小心在柚子的衣柜里吐了。

柚子终于明白那股奇怪的味道是什么了，如果她的鼻子没犯错，应该还有尿味。她恶心得想直接把衣柜从窗户扔出去。柚子受够了同学的男朋友三天两头地来她家上演“苦情戏”，闹得左右邻居都受到了打扰，最近都对她没好脸色。

突然，柚子心里冒出来一个疑问：一柜子的衣服，她是如何做到那么快就全部洗掉的？而且还晾在阳台上！柚子冲到阳台，果然，她那些高档的羊毛衫、真丝裙，全部呈现出奇形怪状的样子，羊毛衫直接缩成了儿童装。不用问也知道，她同学直接把她的衣服扔进了洗衣机。你们能明白一个女人看着自己心爱的衣服被毁掉后的心情吗？反正我觉得那场面简直是惨绝人寰。

柚子气若游丝地问她同学：“你为什么不给我打个电话？为什么不把我的衣服拿去干洗？”

她的同学很无辜地说：“我觉得没必要告诉你啊，反正你回来就会知道了。那么多衣服都拿去干洗的话，得花多少钱啊，你别那么矫情，我看水洗也是一样的！”

柚子气得朝同学大吼：“什么叫一样的！你知道这些衣服花了我多少钱吗？如果你觉得贵，可以等我回来，我自己拿去洗，干吗要擅自动我的东西！还有，为什么你醉酒的男朋友会出现在我的房间里？我家是公共厕所吗？”

柚子的同学也生气了，也冲他大吼了一顿，她俩大吵一架，然后她同学带着行李扬长而去。柚子对着一阳台衣服哭得伤心欲绝，准备睡觉的时候，发现她的床单上也有呕吐的痕迹，那一刻，她真恨自己。

柚子说，她人生中最后悔的事就是让她同学搬进她家里，她更痛恨自己在同学的男朋友上门骚扰的时候，没有及早地让同学搬出去。

我理解柚子的心情。毕竟，衣服对女人来说，不仅仅是衣服、是钱，而是心头大爱。这是钱和另一件新衣服所不能弥补的。

我安慰了柚子一番，打算等她情绪好点儿再告诉她，人应该有自己的底线。

所谓底线，就是你为自己的原则设置的最低限制，是你人生的一道防线。这道防线能帮你抵御不必要的侵扰，保护你的各种权利。但是要记住，底线是任何人不可跨越的，任何人！

所以，别动不动就给你的原则设立特殊通道，不要允许一些特殊的人跨越你的底线。今天你为张三打破原则，明天李四就会要求你为他开后门。今天，你像柚子那样放任同学的男朋友到家里来纠缠，明天受到打扰的不但是你自己，可能还包括你的邻居。

你可能会问：底线这东西，看不见也摸不着，不是长城，也不是战壕，该怎么坚守？

告诉你吧，底线就是长城，就是战壕，它是你的原则的长城，是你心中的战壕。而且，谁说它看不见也摸不着？你可以用你的方式让别人明明白白地看见，却永远不敢触摸。比如：

第一，明确告诉对方你的底线。

傻子都是既无辜又不负责任的存在。对于一些真傻或装傻的人，跟着他们一起傻，最后吃亏的肯定是你。不想成为哭到最后的那个人，就明明白白地让对方知道你的原则是什么，你的底线在哪里。还要让对方知道，触碰了你的底线，后果会很严重。这样能有效地震慑对方，使之远离你的底线，而不是不断地去触碰。

第二，一旦意识到底线将被触碰，要立即做出反应。

有的人平时看着挺机灵、精明，遇到了关键的事、特殊的人，就会反应慢半拍。本来无法接受的，却睁一只眼闭一只眼；本来无法容忍的，却视而不见；本来锱铢必较的，却步步退让。直到吃个大亏、栽个大跟头，才想着跳起来反抗。

拜托，人家都攻城略地了，你才举起红缨枪，有什么用？你难道不是应该在敌人还没靠近城墙的时候，就应该竖起防城大炮吗？

所有蔑视别人的原则的人，都不是善类。对于这样的人，最好的防守方式，就是永远别给他机会触碰到你的底线。

第三，永远别对触碰你底线的人妥协。

如果不幸被触碰底线，可以不用耿耿于怀、心怀怨恨，但也别默默吞下苦果、自认倒霉。你固然倒霉，但要想着怎么让自己以后不倒霉，你的倒霉才有意义。如果只是以自认倒霉的姿态而默不作声、隐忍不发，以后很可能会继续倒霉。

所以，你必须要有底线。并且，你的底线是坚实，还是脆弱，全看你自己是否坚守，别人是没有义务为你坚守底线的，有些人恨不得你的底线全线崩溃，他好趁机攻城略地。

千万别给人看到你底线崩溃的机会。

6. 拒绝三部曲：断、舍、离

导读：不论你是不敢拒绝，还是不会拒绝，抑或是没意识到要拒绝，只要能使用好拒绝的三大必杀技，那就离成功不远了。

你有没有想过：

为什么别人的钱永远有用，你的钱永远闲置？

为什么别人永远日理万机，你永远在为别人日理万机？

为什么别人总能甩掉麻烦事，你总能招来麻烦事？

根源就在于，你不敢拒绝，也不会拒绝。

拒绝真的有那么难吗？

未必。

不论你是不敢拒绝，还是不会拒绝，抑或是根本意识不到要拒绝，做到以下拒绝三部曲，基本上你就离成功拒绝不远了。

一部曲：断。

1.斩断对方的幻想。

我说过，很多人的本性是懒惰的，也是贪婪的，还是自私的理想主义。这些人性里的“癌细胞”在某些人身上特别容易扩散。如果你遇到这样的人，还纵容他们身上的这些病，病入膏肓的将不是他们，而是你。

因为懒惰，他们喜欢把问题扔给别人，尤其喜欢让别人为他们擦屁股、收拾烂摊子。你帮了他们一次，他们就会想要你帮第二次、第三次、无数次。他们越来越贪婪，你就越来越狼狈。

并且，那些自私的理想主义，总是把自己的私欲建立在对别人的剥削之上，动不动就幻想你能帮他们解决问题，甚至是解决一切问题。就像《欢乐颂》里樊胜美的父母，他们幻想中的女儿，是生活在大城市的白领，能解决他们家所有的问题，能为她哥哥收拾好任何烂摊子。她的钱永远用不完，用完了她也有富裕的朋友可以借，她什么麻烦都能解决掉，她解决不了的还有人帮她解决掉。所以，他们敢肆无忌惮，他们能需索无度，他们不愿意控制自己的欲望，更不愿意停止让别人满足他们的欲望。

这种人，如果不斩断他们的幻想，他们就会成为你人生中的“饕餮”，将你啃噬殆尽。

2.斩断自己的幻想。

如果说来自别人的幻想，你还可以选择不理会，那么来自你自身的幻想，就比较可怕了。

如果你总是幻想通过为别人做什么来取悦对方、获得好评，或者跟对方维持金汤永固的关系，你就走上了讨好别人、丢弃自己的危险道路。

而最后，你终究会发现，你的幻想只是幻想，从来没有实现过，也不具备实现的可能性。因为别人对你的态度，从不会因你的幻想而改变。

醒醒吧，白日做梦终将是一场空。

3.切断彼此的过度依赖。

你有没有发现，有些人总觉得你有义务为他做什么，而你也这样认为？这些人大多是你的家人、恋人，或者关系比较亲密的朋友。他们对你的依赖，不仅体现在物质上，也体现在精神上。

而你对他们，也有深深的依赖。只不过，你从不依赖他们为你做什么，你依赖的是你为他们做了什么之后，他们给予你的肯定、赞美、感谢。

你为自己对他们的价值而深深着迷，他们则为你给他们带来的利益和方便而深深着迷。

你们就像周瑜和黄盖，一个愿打一个愿挨。

如果你不想一辈子当别人的葡萄架，不愿跟那些自己不想出力、一心要攀附在你身上的蔓藤纠缠不清，那就不要再彼此过度依赖。

舒婷的《致橡树》知道吗？去读读吧，文人的智慧之语、良心之作，早就已经告诉我们应该与怎样的人为伍。

二部曲：舍。

1.舍弃不必要的人际关系。

我并不是主张你离群索居，只是劝你不必过度看重人际关系。交朋友的目的不是比数量，似乎朋友越多就证明你魅力越大。有些人朋友满天下，看起来很热闹，知己却未必有几人，遇到事情能毫不犹豫相助的人，可能屈指可数。而那些平时不太经营人脉的人，只要有自己独特的价值，自然能够吸引别人来结交。

况且，那些五花八门的人际关系，难免浮于表面、过于复杂，令人心累。

别以为不用心就不累心，不用心的关系，往往是你心累的根源。因为对方不关心你的心，只关心利益。

所以，那些不必要的人际关系，随口称呼的哥们儿、姐们儿，干爹干妈们，还是不要两肋插刀、随叫随到了吧，把精力放在值得的人身上，多照顾身边的人，不是更有人情味吗？晏殊大才子就早说过：“满目河山空念远，落花风雨更伤春，不如怜取眼前人。”

2.舍弃获得所有人肯定的想法。

你可能经常会陷入这样的幻想中：那个乐于助人、从不拒绝别人的我，多么美好，多么伟大，多么感天动地，认识我的人都喜欢我、称赞我，想跟我做朋友。

或者，你会这样想：只要我足够善良、足够无私、足够乐于牺牲自己成全别人，就一定能获得所有人的肯定，大家都会承认我是个好人、完美无瑕的人、能力超强的人。

我想说，无论是哪一种模式，真的都只是你的幻想。

首先，你能否得到别人的肯定与你为别人做什么没有直接关系，而是跟你自身的实力有关系。就像富豪们不用到处撒钱，别人也承认他们是富豪。因为他们钱多是一种客观存在，还需要证明吗？

其次，如果你依赖于通过得到别人的肯定来找到自信，你绝不是真的自信，那种建立在别人的肯定的基础上的自信，是脆弱的泡沫，随时可能“嘭”的一声消失掉。

再说，获得所有人的肯定，这本身就是一个不可能实现的幻想。无论你做什么，把自己变成怎么样的人，也总有人对你不满。马克·扎克伯格的妻子普莉希拉·陈，货真价实的富甲天下，而且将自己的巨额财产捐献给社会，名副其实的乐善好施，不也有人质疑她不够漂亮、凭什么当世界首富的妻子吗？你确定一个平凡的你，能讨好得了这个苛刻的世界？

3.舍弃不敢拒绝的自己。

对于那个胆小怯懦、前怕狼后怕虎、说个“不”字都要纠结半天、说完了还无比忐忑的自己，你也别留恋。正所谓旧的不去新的不来，只有舍得抛弃以前那个总是会为自己挖陷阱的自己，才能迎接那个为自己披荆斩棘的自己。

三部曲：离。

1.远离小人和剥削自己的人。

不论你多么渴望朋友，都不能与小人做朋友，哪怕你自己也不是君子。小人最大的危害就是，你根本不知道他会对你做什么、伤害你到哪种程度。等你发觉的时候，通常已经太晚了。

对于那些总想着剥削你的人，你也有多远躲多远吧，毕竟你又不是专程来到这个世界上接受别人剥削和压榨的，你有属于自己的独特价值，应该为实现自己的价值去努力，而不是为别人过度牺牲。

2.远离不良的关系。

不良的关系，也是人生中的毒瘤。比如，不公平的家庭关系、不平等的职场关系、不平衡的夫妻关系、不健康的亲子关系，都会成为我们人生的灾难。与其妥协在这样的关系里，不如选择远离，放自己自由。

毕竟，我们的人生中，除了自己好的一面，其余的都可以断舍离，更何况是对于别人?